LES ERREURS DE PLANIFICATION DE LA RETRAITE ET COMMENT LES ÉVITER

Table des Matières

Introduction 1
Procrastiner sur la planification de la retraite 3
Sous-estimer les dépenses liées à la retraite 7
Manque de diversification des investissements 12
Ignorer l'inflation 16
Dépendance excessive à la sécurité sociale 19
Ne pas planifier les coûts des soins de santé 24
Négliger les implications fiscales 28
Sous-épargne pour la retraite 33
Ne pas réévaluer régulièrement les plans de retraite 37
Retirer ses économies trop tôt 41
Ne pas avoir de fonds d'urgence 44
Négliger de tenir compte de la longévité 47
Mauvais calcul de l'âge de la retraite 51
Survol des régimes de retraite des employeurs 54
Ne pas demander de conseils financiers professionnels ... 58
Ne pas réussir à gérer ses dettes avant la retraite 62
Ne pas comprendre les options de versement des pensions 65
Mauvaise répartition des investissements à la retraite 68
Négliger de planifier les prestations de conjoint et de survivant .. 72
Méconnaître l'importance de la planification successorale 75
Sous-estimer l'impact des coûts du logement 79
Ignorer les changements de style de vie à la retraite 83
Ne pas planifier les distributions minimales requises 87
Ne pas se fixer d'objectifs de retraite clairs 90
Négliger la valeur de l'apprentissage continu 94
S'appuyer trop sur l'héritage 97
Méconnaissance du rôle des rentes 99
Ne pas s'adapter à la volatilité du marché 102
Ne pas envisager de travail à temps partiel ou de sources de revenus alternatives 105

Ne pas communiquer vos projets de retraite 108
Conclusion 111

Avis de droit d'auteur

Tous droits réservés. Aucune partie de ce livre ne peut être reproduite, distribuée ou transmise sous quelque forme ou par quelque moyen que ce soit, y compris la photocopie, l'enregistrement ou toute autre méthode électronique ou mécanique, sans l'autorisation écrite préalable de l'éditeur, sauf dans les cas autorisés par la loi sur le droit d'auteur.

Introduction

La retraite est une étape importante de la vie, souvent considérée comme la récompense de décennies de dur labeur. Cependant, c'est aussi une phase de la vie qui exige une planification minutieuse, de la prévoyance et de la discipline. Malheureusement, de nombreuses personnes partent à la retraite sans être préparées, soit en commettant des erreurs majeures lors des étapes de planification, soit en n'anticipant pas les défis auxquels elles seront confrontées une fois à la retraite. Ce livre est conçu pour vous aider à éviter ces pièges courants.

Que vous commenciez tout juste à penser à la retraite ou que vous en soyez à quelques années de celle-ci, les décisions que vous prenez aujourd'hui auront des conséquences durables sur votre sécurité financière et votre qualité de vie. Qu'il s'agisse de sous-estimer le coût de la vie à la retraite ou de trop compter sur la Sécurité sociale, même les plus petits faux pas peuvent avoir des conséquences importantes à long terme. L'objectif de ce livre est d'identifier ces erreurs potentielles, de vous aider à comprendre les risques encourus et de vous offrir des conseils pratiques pour les éviter.

Chaque chapitre aborde une erreur spécifique que font de nombreux retraités, en proposant non seulement une explication du problème, mais également des mesures concrètes que vous pouvez prendre pour éviter de tomber dans les mêmes pièges. Vous découvrirez l'importance de commencer tôt, de diversifier les investissements, de planifier les soins de santé et bien plus encore.

Planifier sa retraite ne consiste pas seulement à économiser de l'argent : il s'agit également de créer une stratégie qui vous permettra de profiter de la vie que vous avez bâtie au prix de tant d'efforts. Avec une préparation et des connaissances adéquates, vous pouvez éviter les erreurs courantes et prendre votre retraite en toute confiance, sécurité et tranquillité d'esprit.

Que vous soyez un investisseur chevronné, que vous commenciez tout juste à épargner ou que vous soyez entre les deux, ce livre est fait pour vous. Embarquons ensemble dans cette aventure pour faire en sorte que votre retraite soit exactement ce dont vous rêvez.

Procrastiner sur la planification de la retraite

La retraite peut sembler un objectif lointain, surtout lorsque vous êtes dans la fleur de l'âge. Cependant, retarder la planification de votre retraite est l'une des erreurs financières les plus graves qu'une personne puisse commettre. Bien qu'il soit tentant de reporter la planification de votre retraite jusqu'à ce que vous soyez plus âgé ou plus à l'aise financièrement, chaque année de procrastination réduit le temps dont dispose votre épargne pour fructifier et crée un stress inutile plus tard dans la vie. Plus vous commencez tôt, plus vous accordez de temps à vos investissements pour arriver à maturité, ce qui vous donne les meilleures chances de vivre une retraite confortable et financièrement sûre.

Le problème de la procrastination dans la planification de la retraite est la perte de temps, une ressource précieuse dans la planification financière. En retardant les choses, vous passez à côté de la puissance de l'intérêt composé. L'intérêt composé est l'intérêt qui est gagné non seulement sur le montant initial que vous investissez, mais aussi sur l'intérêt qui s'accumule au fil du temps. Plus votre argent a de temps pour fructifier, plus votre épargne sera conséquente. Par exemple, une personne qui commence à investir pour sa retraite à 25 ans et met de côté un montant modeste chaque mois accumulera probablement beaucoup plus de richesse que quelqu'un qui commence à 40 ans et met de côté des sommes plus importantes. En effet, le temps, et pas seulement l'argent, est un facteur crucial dans la constitution d'un patrimoine.

Une autre conséquence du report de la planification de la retraite est la pression accrue pour épargner davantage à l'approche de la retraite. Lorsque vous êtes jeune, vous pouvez vous permettre de mettre de côté une plus petite partie de votre revenu pour la retraite, car vous avez des décennies pour que cet argent fructifie. Cependant, plus vous approchez de l'âge de la retraite sans avoir de plan solide, plus vous devrez épargner chaque année pour rattraper votre retard. Cela augmente non seulement le stress financier, mais peut également limiter votre capacité à profiter de votre revenu pendant vos années de revenus les plus élevés, car vous devrez consacrer une plus grande partie de votre revenu à l'épargne-retraite.

De nombreuses personnes remettent à plus tard la planification de leur retraite parce qu'elles pensent avoir d'autres priorités financières plus immédiates, comme acheter une maison, rembourser leurs prêts étudiants ou épargner pour les études de leurs enfants. Bien que toutes ces préoccupations soient légitimes, négliger l'épargne-retraite au profit d'objectifs à court terme est risqué. Les planificateurs financiers soulignent souvent l'importance d'équilibrer les besoins financiers actuels avec les objectifs à long terme. La clé est de commencer petit si nécessaire, mais de commencer quand même. Même de petites contributions, effectuées régulièrement au fil du temps, peuvent se transformer en un fonds de retraite substantiel.

Une idée fausse courante qui conduit à la procrastination est de croire que la planification de la retraite est une chose dont seules les personnes âgées doivent se soucier. Rien n'est plus faux. En fait, plus vous commencez tôt, moins le processus sera accablant. Ceux qui commencent dans la vingtaine ou la trentaine peuvent graduellement constituer leur épargne-retraite sur plusieurs décennies, souvent avec des cotisations relativement modestes. En revanche, les personnes qui attendent jusqu'à la quarantaine ou la cinquantaine pour le faire doivent se démener pour rattraper le temps perdu, ce qui peut être financièrement décourageant et stressant.

De plus, la procrastination dans la planification de la retraite est souvent due à un manque de compréhension du montant d'argent dont on aura réellement besoin pour vivre confortablement à la retraite. De nombreuses personnes sous-estiment considérablement les coûts associés à la retraite, pensant que leurs dépenses diminueront considérablement une fois qu'elles cesseront de travailler. S'il est vrai que certains coûts, comme les frais de transport ou les dépenses liées au travail, diminueront, d'autres, comme les soins de santé, ont tendance à augmenter considérablement avec l'âge. Sans une planification minutieuse, les retraités peuvent se retrouver à avoir du mal à couvrir ces coûts, même s'ils ont remboursé des dépenses importantes comme un prêt hypothécaire.

Un autre facteur souvent négligé dans la planification de la retraite est la longévité. Grâce aux progrès des soins de santé et à l'amélioration du mode de vie, les gens vivent plus longtemps que jamais auparavant. Cela signifie que votre épargne-retraite devra peut-être durer 20, 30 ou même 40 ans. Si vous tardez à planifier votre retraite, vous risquez d'épuiser votre épargne de votre vivant, ce qui peut entraîner une insécurité financière et une diminution de votre qualité de vie dans vos vieux jours. En revanche, ceux qui commencent à planifier tôt sont mieux à même de tenir compte de la possibilité d'une longue retraite et peuvent ajuster leurs stratégies d'épargne en conséquence.

L'une des raisons pour lesquelles de nombreuses personnes tardent à planifier leur retraite est la croyance erronée selon laquelle la Sécurité sociale suffira à les soutenir pendant leur retraite. Bien que la Sécurité sociale puisse constituer un complément précieux à vos revenus, il est peu probable qu'elle suffise à elle seule, surtout si vous souhaitez conserver votre style de vie actuel. La prestation moyenne de la Sécurité sociale ne représente généralement qu'une fraction de ce dont la plupart des gens ont besoin pour couvrir leurs dépenses de subsistance à la retraite. Le fait de compter uniquement sur la Sécurité sociale sans autres économies ou sources de revenus peut rendre les retraités vulnérables aux déficits financiers.

Les obstacles psychologiques à la planification de la retraite peuvent également être considérables. De nombreuses personnes évitent de penser à la retraite parce qu'elles se sentent dépassées ou parce qu'elles ne savent pas par où commencer. La complexité des options d'investissement, les incertitudes liées à la performance du marché et le montant considérable d'argent qui semble nécessaire peuvent amener les gens à reporter la planification. Cependant, ces défis peuvent être surmontés avec la bonne approche. Décomposer le processus de planification en étapes plus petites et gérables peut le rendre plus facile à aborder. Commencer par des étapes de base, comme contribuer à un 401(k) ou à un IRA, mettre en place des contributions automatiques et se renseigner sur les options d'investissement, peut créer une dynamique et conduire à une plus grande confiance dans votre avenir financier.

Pour ceux qui se sentent dépassés par les complexités de la planification de la retraite, demander l'aide d'un planificateur financier peut être une excellente étape dans la bonne direction. Un professionnel peut vous aider à évaluer votre situation financière actuelle, à fixer des objectifs réalistes et à élaborer un plan adapté à vos besoins. Travailler avec un conseiller peut également vous aider à rester responsable et motivé pour maintenir votre planification de la retraite sur la bonne voie.

En résumé, remettre à plus tard la planification de la retraite est une erreur coûteuse qui peut avoir des conséquences durables. En retardant la planification, vous passez à côté du pouvoir de l'intérêt composé, vous augmentez votre fardeau financier futur et vous limitez votre capacité à profiter de votre revenu dans le présent. Pour éviter ces pièges, il est essentiel de commencer tôt, même avec de petites cotisations, et de rester fidèle à votre plan au fil du temps. La planification de la retraite n'a pas besoin d'être écrasante et, avec la bonne stratégie, vous pouvez vous assurer une retraite financièrement sûre et épanouissante.

Sous-estimer les dépenses liées à la retraite

L'une des erreurs les plus courantes et potentiellement dévastatrices que les gens commettent lorsqu'ils planifient leur retraite est de sous-estimer leurs dépenses de retraite. De nombreuses personnes supposent que leur coût de la vie diminuera considérablement une fois qu'elles cesseront de travailler, ce qui les amène à surestimer l'étendue de leurs économies. Cependant, la réalité est souvent tout autre. Alors que certaines dépenses, comme les frais de transport ou les frais liés au travail, peuvent disparaître, d'autres dépenses peuvent augmenter ou rester stables, laissant de nombreux retraités mal préparés à maintenir le style de vie qu'ils souhaitent. Il est essentiel de comprendre le véritable coût de la retraite pour assurer la sécurité financière et éviter les mauvaises surprises plus tard dans la vie.

L'une des principales raisons pour lesquelles les gens sous-estiment les dépenses liées à la retraite est qu'ils ne tiennent pas compte des changements de style de vie. La retraite est souvent considérée comme une période de détente et de plaisir, où l'on peut consacrer plus de temps à des loisirs, à des voyages et à d'autres activités qui ont pu être mises de côté pendant les années de travail. Cependant, ces activités ont souvent un prix. Qu'il s'agisse de voyages fréquents, de sorties au restaurant ou de loisirs coûteux comme le golf ou la navigation, les coûts peuvent rapidement s'accumuler. Sans une planification minutieuse, les retraités peuvent constater que leurs économies ne suffisent pas à soutenir le style de vie qu'ils souhaitent, ce qui les oblige à réduire les activités qu'ils espéraient pratiquer à la retraite.

Les soins de santé sont un autre domaine dans lequel de nombreux retraités font des erreurs de calcul. Même si vous êtes en relativement bonne santé au début de votre retraite, il est important de prévoir que les coûts des soins de santé augmenteront probablement avec l'âge. Les frais médicaux sont l'un des coûts qui augmentent le plus rapidement pour les retraités, et ils augmentent souvent avec l'âge en raison de la nécessité de visites médicales plus fréquentes, de médicaments sur ordonnance et de services de soins de longue durée potentiels. Selon diverses études, le couple moyen qui prend sa retraite aujourd'hui peut s'attendre à dépenser des centaines de milliers de dollars en soins de santé tout au long de sa retraite. Ces coûts comprennent les primes d'assurance-maladie, les dépenses personnelles, les soins dentaires et les appareils auditifs, dont aucun n'est entièrement couvert par l'assurance-maladie.

Les soins de longue durée représentent une dépense importante à laquelle beaucoup de gens ne se préparent pas suffisamment. Selon le ministère américain de la Santé et des Services sociaux, près de 70 % des personnes de plus de 65 ans auront besoin d'une forme ou d'une autre de soins de longue durée au cours de leur vie. Qu'il s'agisse de soins à domicile, d'une résidence assistée ou d'une maison de retraite, les soins de longue durée peuvent rapidement épuiser l'épargne-retraite s'ils ne sont pas planifiés à l'avance. De nombreuses personnes pensent à tort que Medicare couvrira ces coûts, mais Medicare ne couvre généralement pas les services de soins de longue durée, obligeant les retraités à compter sur Medicaid, l'épargne privée ou l'assurance soins de longue durée pour combler le manque à gagner. Ignorer le coût potentiel des soins de longue durée est une erreur dangereuse qui peut faire dérailler même les plans de retraite les mieux conçus.

L'inflation est un autre facteur clé que de nombreux retraités négligent. Bien que les taux d'inflation puissent parfois sembler faibles, même un taux modeste peut considérablement éroder le pouvoir d'achat au cours d'une retraite de 20 ou 30 ans. Par exemple, si l'inflation est en moyenne de seulement 2 % par an, le coût de la vie augmentera d'environ 50 % sur 20 ans. Cela signifie que les retraités qui ne tiennent pas compte de l'inflation peuvent constater que leur épargne, qui semblait suffisante au début de la retraite, ne couvre plus leurs frais de subsistance plus tard. Ne pas prévoir l'inflation peut entraîner des déficits financiers, obligeant les retraités à réduire leur niveau de vie ou à retourner au travail à un moment où ils ne le souhaitent ou ne le peuvent plus.

Le logement est une autre dépense souvent sous-estimée. Beaucoup de gens pensent qu'une fois leur prêt hypothécaire remboursé, les frais de logement ne seront plus un problème. Cependant, même si vous êtes propriétaire de votre maison, il y a toujours des coûts récurrents à prendre en compte, comme les impôts fonciers, l'assurance habitation, les services publics, l'entretien et les éventuelles modifications de la maison à mesure que vous vieillissez. À mesure que les maisons vieillissent, elles peuvent nécessiter des réparations coûteuses, comme un nouveau toit, une plomberie modernisée ou même des améliorations d'accessibilité pour répondre aux problèmes de mobilité. Ne pas tenir compte de ces coûts de logement récurrents peut entraîner des déficits budgétaires, en particulier si des réparations ou des améliorations majeures sont nécessaires pendant la retraite.

Outre ces dépenses évidentes, les retraités négligent souvent les petits frais quotidiens qui peuvent s'accumuler au fil du temps. Des articles comme l'épicerie, le transport, les divertissements, les cadeaux et les dons de charité peuvent sembler être des dépenses mineures, mais au cours de 20 ou 30 ans, ils peuvent avoir un impact considérable sur votre épargne-retraite. Il est important de suivre vos habitudes de dépenses actuelles et d'estimer comment elles pourraient changer à la retraite. Certaines dépenses peuvent diminuer, mais d'autres, comme les dépenses consacrées aux loisirs ou aux sorties au restaurant, peuvent augmenter. En étant réaliste quant à vos dépenses quotidiennes, vous pouvez vous assurer de ne pas dépasser votre épargne.

Une autre erreur critique dans l'estimation des dépenses de retraite est de ne pas tenir compte des événements imprévus de la vie. Qu'il s'agisse d'un problème de santé majeur, d'un ralentissement du marché ou d'une urgence familiale, des coûts imprévus peuvent rapidement faire dérailler votre plan de retraite. De nombreux retraités pensent que leurs économies et leur sécurité sociale suffiront à couvrir leurs besoins de base, mais ils ne prévoient pas les imprévus. Sans coussin financier ou fonds d'urgence, les retraités risquent de puiser prématurément dans leur épargne-retraite ou de s'endetter, ce qui peut épuiser leurs ressources plus rapidement que prévu.

Pour éviter de sous-estimer les dépenses liées à la retraite, il est essentiel de créer un budget de retraite complet et réaliste. Commencez par analyser vos dépenses actuelles, puis ajustez-les en fonction des changements prévus à la retraite. Tenez compte à la fois des coûts fixes, comme le logement et les services publics, et des coûts variables, comme les déplacements et les soins de santé. Tenez compte de l'inflation, de la hausse des coûts des soins de santé et des besoins potentiels en soins de longue durée. En adoptant une approche proactive et en planifiant un large éventail de dépenses, vous pouvez contribuer à garantir que votre épargne-retraite durera toute votre vie.

Il est également judicieux de revoir et d'ajuster périodiquement votre budget à l'approche de la retraite et tout au long de vos années de retraite. Les circonstances de la vie changent, tout comme les dépenses. En réexaminant régulièrement votre plan de retraite et votre budget, vous pouvez apporter les ajustements nécessaires pour vous assurer de rester sur la bonne voie. Qu'il s'agisse de réduire vos dépenses discrétionnaires, d'ajuster votre stratégie de placement ou de trouver des moyens de générer des revenus supplémentaires, rester flexible et proactif peut vous aider à surmonter les défis financiers de la retraite.

En conclusion, sous-estimer les dépenses liées à la retraite est une erreur qui peut avoir de graves conséquences. La retraite est une période où vous devriez pouvoir vous détendre et profiter des fruits de votre travail, mais ne pas évaluer correctement vos dépenses peut entraîner un stress financier et une incertitude. En comprenant les véritables coûts de la retraite, notamment les changements de style de vie, les soins de santé, l'inflation, le logement et les événements imprévus, vous pouvez créer un plan plus précis et plus réaliste pour l'avenir. Grâce à une planification minutieuse, vous pouvez éviter cet écueil courant et profiter d'une retraite financièrement sûre et épanouissante.

Manque de diversification des investissements

L'un des aspects les plus importants et souvent négligés de la planification de la retraite est la diversification des placements. La diversification consiste à répartir vos placements sur différentes catégories d'actifs (actions, obligations, biens immobiliers et équivalents de trésorerie) afin de réduire les risques et d'améliorer le potentiel de rendement. Ne pas diversifier peut vous exposer à des risques financiers importants et potentiellement compromettre la sécurité de votre retraite.

Le principal avantage de la diversification est qu'elle permet de mieux gérer le risque. Différents types d'investissement réagissent différemment aux conditions du marché. Par exemple, les actions et les obligations ont souvent des performances différentes dans les mêmes conditions économiques. Les actions peuvent offrir des rendements élevés en période de boom économique, mais peuvent être volatiles en période de ralentissement économique. À l'inverse, les obligations sont généralement plus stables, mais peuvent offrir des rendements plus faibles. En détenant une combinaison de types d'actifs, vous pouvez réduire la probabilité qu'une mauvaise performance dans un domaine ait un impact grave sur votre portefeuille global.

L'une des erreurs les plus courantes commises par les investisseurs est de concentrer leurs investissements dans une seule catégorie d'actifs ou dans un petit nombre d'actions individuelles. Par exemple, certains investissent massivement dans les actions de leur employeur ou dans un seul secteur dont ils pensent qu'il sera performant. Bien que cette approche puisse parfois générer des rendements élevés, elle comporte également des risques importants. Si l'entreprise ou le secteur connaît un ralentissement, l'impact sur votre portefeuille peut être grave, ce qui peut compromettre votre stabilité financière à la retraite.

Un autre écueil de la non-diversification est le recours excessif à une stratégie d'investissement unique. Par exemple, certains investisseurs peuvent privilégier les actions de croissance, pensant qu'elles offriront les meilleurs rendements. Si les actions de croissance peuvent effectivement offrir des rendements importants, elles peuvent également être très volatiles. Un portefeuille bien diversifié comprend un mélange de types d'actifs, tels que des actions de croissance, des actions à dividendes, des obligations et des placements alternatifs, ce qui permet d'équilibrer les rendements potentiels et les risques.

L'immobilier est un autre domaine important à prendre en compte dans la diversification. Alors que de nombreux investisseurs se concentrent uniquement sur les actions et les obligations, l'immobilier peut fournir des flux de revenus supplémentaires et des avantages fiscaux potentiels. Investir dans des biens immobiliers ou des fiducies de placement immobilier (FPI) peut offrir un profil risque-rendement différent de celui des investissements traditionnels. Cependant, investir massivement dans l'immobilier sans tenir compte des autres classes d'actifs peut vous exposer à des risques spécifiques au secteur, tels que les fluctuations de la valeur des biens immobiliers ou des revenus locatifs.

La diversification implique également une diversification géographique. Investir uniquement dans des actifs nationaux signifie que vous êtes exposé aux conditions économiques d'un seul pays. La diversification mondiale répartit les risques sur différentes économies et marchés, ce qui peut être particulièrement utile si votre pays d'origine connaît un ralentissement économique. Les investissements internationaux, y compris sur les marchés émergents, peuvent offrir des opportunités de croissance supplémentaires et contribuer à atténuer le risque associé à l'investissement dans une seule région.

Un concept connexe est la répartition des actifs, qui consiste à répartir vos investissements entre différentes catégories d'actifs en fonction de votre tolérance au risque, de vos objectifs de placement et de votre horizon temporel. Une répartition appropriée des actifs garantit que votre portefeuille est aligné sur vos objectifs financiers et peut résister aux fluctuations du marché. À l'approche de la retraite, il est essentiel d'ajuster votre répartition des actifs pour réduire les risques tout en visant la croissance. Par exemple, vous pouvez progressivement passer d'une répartition plus élevée en actions à une répartition plus élevée en obligations et autres actifs moins volatils.

Un autre aspect important de la diversification consiste à rééquilibrer régulièrement votre portefeuille. Au fil du temps, les différents investissements connaîtront des taux de croissance différents, ce qui entraînera un écart entre la répartition initiale de votre portefeuille et celle de vos actifs. Par exemple, si les actions affichent des performances exceptionnelles, elles pourraient finir par dominer votre portefeuille, augmentant ainsi votre exposition au risque boursier. Le rééquilibrage consiste à ajuster vos investissements pour revenir à la répartition souhaitée, en veillant à ce que votre niveau de risque reste cohérent avec vos objectifs de retraite.

Ne pas diversifier son portefeuille revient également à passer à côté des avantages potentiels des différents types d'investissements. Par exemple, alors que les actions offrent un potentiel de croissance, les obligations offrent un revenu stable et une certaine stabilité. La diversification vous permet de profiter des avantages de chaque classe d'actifs tout en atténuant les risques qui leur sont propres. De plus, la diversification au sein des classes d'actifs, par exemple en détenant une variété d'actions dans différents secteurs et industries, peut encore améliorer la gestion des risques.

Les conséquences d'un manque de diversification peuvent être graves. En période de volatilité des marchés, un portefeuille non diversifié peut subir des pertes plus importantes qu'un portefeuille bien diversifié. Cela peut être particulièrement problématique si vous approchez de la retraite et n'avez pas le temps de récupérer de pertes importantes. En répartissant vos investissements sur plusieurs catégories d'actifs et secteurs, vous pouvez mieux résister aux fluctuations des marchés et réduire la probabilité de pertes importantes affectant vos plans de retraite.

Pour éviter les pièges d'une diversification inadéquate, pensez à consulter un conseiller financier qui pourra vous aider à concevoir une stratégie de placement diversifiée adaptée à vos besoins et objectifs particuliers. Un conseiller peut évaluer votre portefeuille actuel, recommander des ajustements et vous aider à rester sur la bonne voie avec votre plan de placement. De plus, il peut vous fournir des conseils sur la répartition des actifs, la gestion des risques et les stratégies de rééquilibrage.

En résumé, ne pas diversifier ses placements est une erreur courante et potentiellement coûteuse en matière de planification de la retraite. La diversification permet de gérer les risques, d'améliorer les rendements potentiels et de renforcer la stabilité financière. En répartissant vos placements entre différentes classes d'actifs, secteurs et régions géographiques, vous pouvez constituer un portefeuille plus résilient qui résiste mieux aux fluctuations du marché et qui soutient vos objectifs de retraite à long terme. En révisant et en ajustant régulièrement votre stratégie de placement, ainsi qu'en demandant conseil à un professionnel, vous pouvez vous assurer que votre épargne-retraite reste sur la bonne voie et est adéquatement protégée.

Ignorer l'inflation

L'un des plus grands défis de la planification de la retraite est de tenir compte de l'inflation. L'inflation désigne l'augmentation progressive du coût des biens et des services au fil du temps, ce qui érode le pouvoir d'achat de l'argent. Lorsqu'ils planifient leur retraite, de nombreuses personnes négligent l'impact de l'inflation, ce qui peut conduire à une sous-estimation des fonds nécessaires pour maintenir le niveau de vie souhaité tout au long de la retraite.

L'inflation est souvent sous-estimée parce que ses effets ne sont pas toujours immédiatement apparents. Par exemple, une petite augmentation progressive des prix chaque année peut sembler insignifiante à court terme, mais sur plusieurs décennies, elle peut diminuer considérablement la valeur de votre épargne. Si vous ne tenez pas compte de l'inflation dans votre planification de la retraite, vous risquez de constater que votre épargne, qui semblait suffisante au moment de votre départ à la retraite, ne suffit plus à couvrir vos frais de subsistance.

L'un des exemples les plus évidents de l'impact de l'inflation est le coût des produits de consommation courante. Pensez à l'évolution du prix des produits d'épicerie, des soins de santé ou des factures de services publics au fil des ans. Par exemple, une miche de pain qui coûtait quelques dollars il y a dix ans peut aujourd'hui coûter deux fois plus cher. De même, les coûts des soins de santé augmentent à un rythme qui dépasse souvent l'inflation générale. En vieillissant, vous pourriez avoir besoin de plus de services médicaux et si l'inflation n'est pas prise en compte dans votre planification, vous pourriez être pris au dépourvu par l'augmentation des dépenses médicales.

Un autre aspect crucial de l'inflation est son effet sur les placements à revenu fixe. De nombreux retraités comptent sur les placements à revenu fixe, comme les obligations ou les rentes, pour s'assurer un revenu régulier. Cependant, la nature fixe de ces sources de revenu signifie qu'elles ne s'ajustent pas à l'inflation. Au fil du temps, la valeur réelle du revenu qu'elles procurent diminue, ce qui rend plus difficile le paiement des dépenses croissantes. Par exemple, si vous recevez un paiement mensuel fixe d'une rente, son pouvoir d'achat diminuera à mesure que les prix augmenteront, ce qui réduira votre capacité à maintenir votre niveau de vie.

L'inflation peut également avoir un impact sur la valeur des comptes d'épargne-retraite, comme les régimes de retraite ou autres régimes à prestations déterminées. Ces régimes peuvent offrir un versement mensuel fixe qui, au fil du temps, peut ne pas suivre le rythme de l'inflation. Sans ajustements pour tenir compte de l'inflation, les retraités pourraient connaître une baisse progressive de leur niveau de vie à mesure que le coût des biens et des services augmente.

Pour atténuer les effets de l'inflation, il est essentiel de l'intégrer à votre planification de la retraite. Une approche consiste à utiliser les rendements corrigés de l'inflation pour estimer la valeur future de votre épargne. Par exemple, si vous prévoyez un taux d'inflation annuel moyen de 2 %, vous devriez en tenir compte lorsque vous calculerez le montant que vous devrez épargner et le rendement de vos placements au fil du temps. En ajustant vos objectifs d'épargne-retraite en fonction de l'inflation, vous vous assurez que vos fonds conservent leur pouvoir d'achat tout au long de votre retraite.

Investir dans des actifs qui ont historiquement dépassé l'inflation peut également aider à se protéger contre ses effets. Les actions, par exemple, ont généralement généré des rendements supérieurs à l'inflation sur le long terme. Bien que les actions puissent être volatiles, elles offrent un potentiel de croissance qui peut aider à compenser l'impact de la hausse des prix. L'immobilier est une autre classe d'actifs qui peut servir de couverture contre l'inflation, car la valeur des propriétés et les revenus locatifs augmentent souvent avec l'inflation.

Une autre stratégie consiste à envisager des placements avec protection intégrée contre l'inflation. Par exemple, certaines obligations d'État sont conçues pour offrir des rendements qui tiennent compte de l'inflation, comme les obligations indexées sur l'inflation. Ces obligations offrent des paiements d'intérêts réguliers qui augmentent avec l'inflation, ce qui contribue à préserver le pouvoir d'achat de votre revenu.

Il est également judicieux de réviser et d'ajuster périodiquement votre plan de retraite pour tenir compte des variations des taux d'inflation. La conjoncture économique et les taux d'inflation peuvent fluctuer. Il est donc important de rester informé et d'ajuster votre stratégie de placement au besoin pour mieux gérer le risque d'inflation. En réévaluant régulièrement votre budget, vos dépenses et le rendement de vos placements, vous vous assurez que votre plan de retraite reste sur la bonne voie pour atteindre vos objectifs à long terme.

Pour ceux qui s'inquiètent de l'impact de l'inflation sur leur épargne-retraite, il peut être bénéfique de consulter un conseiller financier. Un professionnel peut vous aider à élaborer une stratégie qui tient compte de l'inflation, à optimiser votre portefeuille de placements et à vous assurer que votre épargne correspond bien à vos objectifs de retraite. Les conseillers peuvent également vous conseiller sur les placements protégés contre l'inflation et sur d'autres produits financiers qui peuvent contribuer à atténuer le risque d'inflation.

En résumé, ignorer l'inflation est une erreur critique dans la planification de la retraite qui peut entraîner des difficultés financières importantes. Comme l'inflation érode le pouvoir d'achat de l'argent au fil du temps, il est essentiel de l'intégrer à votre stratégie de retraite. En tenant compte de l'inflation, en investissant dans des actifs axés sur la croissance, en envisageant des placements protégés contre l'inflation et en révisant régulièrement votre plan, vous pouvez mieux protéger votre épargne-retraite et vous assurer qu'elle durera tout au long de vos années de retraite.

Dépendance excessive à la sécurité sociale

De nombreuses personnes commettent l'erreur de trop compter sur le système de sécurité sociale de leur pays ou sur la pension d'État comme principale source de revenus à la retraite. Bien que ces prestations versées par l'État puissent constituer une base de soutien financier à la retraite, elles ne suffisent généralement pas à couvrir toutes les dépenses liées au maintien d'un style de vie confortable. Le fait de dépendre uniquement de la sécurité sociale peut rendre les retraités vulnérables aux difficultés financières, en particulier dans un contexte où le coût de la vie continue d'augmenter et où l'espérance de vie s'allonge.

L'un des principaux problèmes liés à la dépendance excessive à la sécurité sociale est que les versements mensuels sont souvent modestes, surtout par rapport au coût de la vie dans de nombreuses régions. Ces versements sont généralement destinés à fournir un filet de sécurité, et non à remplacer entièrement votre revenu d'activité. Dans de nombreux pays, les prestations de sécurité sociale ne couvrent qu'une fraction du revenu d'un individu avant sa retraite, souvent comprise entre 30 et 50 %. Pour de nombreuses personnes, cela ne suffit pas à maintenir la même qualité de vie dont elles bénéficiaient lorsqu'elles travaillaient.

En outre, les systèmes de sécurité sociale de plusieurs pays sont soumis à des contraintes financières constantes en raison des changements démographiques. Avec le vieillissement de la population et la diminution du nombre de travailleurs cotisant au système par rapport au nombre de retraités, de nombreux gouvernements ont du mal à maintenir leurs programmes de sécurité sociale. Cette pression a conduit à des réformes, telles que le relèvement de l'âge de la retraite, la réduction des prestations ou la modification des critères d'éligibilité. En s'appuyant uniquement sur ces prestations, les retraités risquent donc de recevoir un soutien financier inférieur à celui qu'ils avaient initialement prévu.

L'inflation complique encore la situation. Dans certains pays, les prestations de sécurité sociale sont ajustées en fonction de l'inflation, mais ces ajustements ne suivent pas toujours l'augmentation réelle du coût de la vie, notamment dans des domaines comme la santé et le logement. Au fil du temps, la valeur réelle des prestations de sécurité sociale peut diminuer, réduisant ainsi le pouvoir d'achat. En conséquence, les retraités qui dépendent trop de ces prestations peuvent avoir de plus en plus de mal à couvrir les dépenses de base telles que le loyer, les services publics, les soins de santé et la nourriture.

Les soins de santé sont l'une des dépenses les plus importantes auxquelles les retraités sont confrontés, et la sécurité sociale seule ne suffit souvent pas à couvrir les coûts médicaux croissants. Bien que de nombreux pays offrent une forme de système national de soins de santé, les retraités ont souvent besoin d'une assurance complémentaire ou d'une épargne supplémentaire pour couvrir les services qui ne sont pas entièrement fournis par le système de santé public. Ces coûts peuvent être importants, en particulier lorsque les personnes vieillissent et nécessitent des soins médicaux plus fréquents. Sans épargne adéquate ou sources de revenus supplémentaires, les retraités qui dépendent fortement de la sécurité sociale peuvent avoir du mal à s'offrir les services de santé dont ils ont besoin.

En outre, les systèmes de sécurité sociale fournissent généralement une aide à la vie quotidienne de base, mais ils ne prennent pas en compte les dépenses liées au mode de vie ou aux loisirs. La retraite est censée être une période où vous pouvez profiter des fruits de votre travail, qu'il s'agisse de voyager, de vous adonner à des loisirs ou de passer du temps avec votre famille et vos amis. Si vous comptez uniquement sur la sécurité sociale, vous devrez peut-être réduire considérablement ces activités, ce qui peut affecter votre qualité de vie. Pour ceux qui envisagent une retraite active, il est essentiel de disposer de sources de revenus supplémentaires, telles que des investissements, une épargne personnelle ou des pensions, pour compléter ce que la sécurité sociale offre.

Un autre élément important à prendre en compte est la possibilité de longévité. Les gens vivent plus longtemps que jamais, et même si c'est une bonne nouvelle pour profiter d'une retraite plus longue, cela signifie également que votre argent doit durer plus longtemps. Une dépendance excessive à la sécurité sociale peut exposer les retraités au risque d'épuiser leurs ressources financières de leur vivant. Étant donné que les paiements ne sont souvent pas suffisants pour couvrir les besoins à long terme, les retraités qui n'ont pas suffisamment d'épargne peuvent être confrontés à des difficultés financières plus tard dans leur vie, lorsqu'ils sont moins en mesure d'ajuster leurs dépenses ou de retourner au travail.

Pour éviter les pièges d'une dépendance excessive à la sécurité sociale, il est essentiel d'avoir un plan de retraite diversifié. Cela peut inclure des régimes de retraite parrainés par l'employeur, des économies personnelles, des investissements et d'autres actifs générateurs de revenus. La constitution de plusieurs sources de revenus garantit que vous ne dépendez pas entièrement d'une seule source de fonds, ce qui rend votre avenir financier plus sûr.

Commencez par évaluer le montant que vous versera la sécurité sociale et comparez-le à vos dépenses de retraite prévues. Cette comparaison peut vous aider à déterminer le montant de l'épargne ou du revenu supplémentaire dont vous aurez besoin pour maintenir le style de vie souhaité. Les planificateurs financiers recommandent souvent de viser à remplacer au moins 70 à 80 % de votre revenu avant la retraite pour couvrir confortablement vos dépenses à la retraite. Étant donné que la sécurité sociale à elle seule couvre généralement un pourcentage beaucoup plus faible de ce montant, vous devrez combler la différence par d'autres sources.

Investir judicieusement pendant vos années de travail peut vous aider à vous assurer d'avoir suffisamment d'épargne pour la retraite.

Envisagez de cotiser à des comptes de retraite, à des fonds communs de placement ou à d'autres instruments de placement à long terme qui offrent un potentiel de croissance. Ces actifs peuvent vous aider à constituer un pécule qui complète vos prestations de sécurité sociale, vous offrant ainsi une plus grande sécurité financière à mesure que vous vieillissez.

Une autre façon de limiter la dépendance excessive à la sécurité sociale est de retarder le versement de vos prestations, si possible. Dans de nombreux pays, retarder le versement des prestations de sécurité sociale au-delà de l'âge officiel de la retraite peut se traduire par des mensualités plus élevées. Même si cette stratégie n'est pas forcément envisageable pour tout le monde, en particulier pour les personnes ayant des problèmes de santé ou des économies limitées, elle peut être une stratégie intelligente pour ceux qui peuvent se permettre d'attendre.

Dans certains cas, travailler à temps partiel à la retraite peut contribuer à combler l'écart entre les prestations de sécurité sociale et vos besoins financiers. De nombreux retraités choisissent d'accepter un travail flexible ou à temps partiel pour rester actifs et compléter leurs revenus. Cette stratégie offre non seulement des avantages financiers, mais peut également donner une structure et un but à vos années de retraite.

Enfin, il est essentiel de se tenir au courant des changements apportés aux politiques et aux règles de sécurité sociale. Les gouvernements apportent régulièrement des modifications à ces programmes, ce qui peut avoir une incidence sur le moment et le montant de vos prestations. En vous tenant informé, vous pouvez adapter vos plans de retraite en conséquence et éviter d'être pris au dépourvu par des changements inattendus.

En conclusion, même si la sécurité sociale peut constituer une part importante de vos revenus de retraite, trop compter sur elle est une erreur qui peut entraîner des difficultés financières. La sécurité sociale est destinée à compléter, et non à remplacer, vos revenus, et elle est souvent insuffisante pour couvrir toutes vos dépenses à la retraite. En diversifiant vos sources de revenus, en planifiant en fonction de l'inflation et en épargnant tout au long de vos années de travail, vous pouvez créer une base financière plus sûre et profiter d'une retraite plus confortable et plus épanouissante.

Ne pas planifier les coûts des soins de santé

L'une des erreurs les plus courantes et les plus graves que les gens commettent lorsqu'ils préparent leur retraite est de sous-estimer ou de ne pas planifier les frais de santé. Les soins de santé sont l'une des dépenses les plus importantes auxquelles les retraités sont confrontés, et ne pas se préparer adéquatement peut entraîner des difficultés financières pendant ce qui devrait être une phase de vie confortable et sans stress. Contrairement à de nombreuses autres dépenses liées à la retraite, les frais de santé sont non seulement inévitables, mais ont également tendance à augmenter considérablement avec l'âge.

À mesure que les personnes vieillissent, leurs besoins en matière de soins de santé augmentent généralement. La probabilité d'avoir besoin de visites médicales plus fréquentes, de médicaments, de traitements et éventuellement de soins de longue durée augmente avec le temps. De nombreux retraités sont surpris de la part de leur budget consacrée aux soins de santé, en particulier lorsqu'ils atteignent un âge où les problèmes de santé deviennent plus fréquents. Bien que certains pays fournissent des soins de santé de base ou subventionnés, les frais réels à la charge des patients peuvent encore être substantiels et ils augmentent souvent à mesure que la complexité et la fréquence des besoins en soins de santé augmentent.

Pour commencer, le coût des visites médicales régulières et des médicaments peut devenir un fardeau financier majeur s'il n'est pas correctement pris en compte. Au fil des ans, les examens de routine, les rendez-vous chez le spécialiste et la gestion des maladies chroniques deviennent plus fréquents. Les médicaments sur ordonnance peuvent être particulièrement coûteux, en particulier pour ceux qui ont besoin de médicaments à long terme pour des maladies comme le diabète, l'hypertension artérielle ou l'arthrite. Sans une planification financière appropriée, ces coûts peuvent rapidement ronger l'épargne-retraite.

Au-delà des soins médicaux de routine, les retraités doivent parfois prendre en compte des dépenses de santé plus importantes, comme les interventions chirurgicales, la rééducation et d'autres traitements médicaux majeurs. Avec l'âge, le risque de problèmes de santé graves comme les maladies cardiaques, les accidents vasculaires cérébraux, le cancer ou les problèmes de mobilité augmente, ce qui peut nécessiter des interventions médicales coûteuses. Ces dépenses médicales imprévues peuvent être dévastatrices sur le plan financier si vous n'avez pas les ressources nécessaires pour les couvrir.

Un aspect souvent négligé dans la planification de la retraite est le besoin potentiel de soins de longue durée. À mesure que l'espérance de vie augmente, de plus en plus de retraités vivent jusqu'à 80 ans et plus. Avec l'âge, il est plus probable qu'ils aient besoin d'aide pour les activités quotidiennes telles que se laver, s'habiller, manger et se déplacer. Ces soins peuvent être prodigués à domicile par un soignant ou dans un établissement de soins résidentiels, mais les deux options peuvent être coûteuses. Les soins de longue durée sont souvent nécessaires pendant plusieurs années, en particulier dans les cas de déclin cognitif, comme la démence ou la maladie d'Alzheimer. Les dépenses associées aux soins de longue durée sont importantes et peuvent rapidement épuiser l'épargne-retraite si elles ne sont pas prises en compte dans votre plan de retraite.

De nombreux retraités doivent également faire face à des coûts accrus en matière de soins dentaires, ophtalmologiques et auditifs. Ces domaines de la santé sont souvent négligés dans la planification de la retraite, mais ils peuvent s'accumuler au fil du temps. À mesure que les gens vieillissent, les problèmes dentaires comme les maladies des gencives, la perte de dents et le besoin de prothèses dentaires deviennent plus courants. De même, les problèmes de vision, comme la cataracte ou le glaucome, et la perte auditive nécessitent souvent des traitements continus, des interventions chirurgicales correctives ou l'utilisation d'appareils comme des lunettes, des lentilles de contact ou des prothèses auditives. Ces coûts peuvent être substantiels, d'autant plus qu'ils ont tendance à augmenter avec l'âge.

La planification des soins de santé à la retraite implique d'estimer ces coûts aussi précisément que possible et de mettre de côté suffisamment d'épargne pour les couvrir. Il est également essentiel de commencer à planifier tôt. De nombreuses personnes attendent d'être proches de l'âge de la retraite pour commencer à réfléchir aux dépenses de santé, mais plus tôt vous commencerez, mieux vous serez préparé à faire face à ces coûts.

Une stratégie efficace pour gérer les dépenses de santé consiste à créer un fonds dédié aux soins de santé au sein de votre épargne-retraite globale. Ce fonds doit être spécifiquement destiné aux dépenses médicales, y compris les soins de routine et les besoins de santé imprévus. La constitution de ce fonds au fil du temps vous permet d'étaler la charge financière et de vous assurer de ne pas être pris au dépourvu par des factures médicales élevées à la retraite. Certains planificateurs financiers recommandent de mettre de côté une partie de votre épargne-retraite spécifiquement pour les frais de santé afin de vous assurer de pouvoir couvrir les dépenses accrues qui accompagnent le vieillissement.

Un autre aspect important de la planification des soins de santé est de mener une vie saine avant et pendant la retraite. Si certains coûts des soins de santé sont inévitables, beaucoup peuvent être atténués par des choix de vie. Maintenir une alimentation saine, faire régulièrement de l'exercice et éviter les habitudes néfastes comme le tabagisme peuvent aider à réduire le risque de maladies chroniques qui entraînent souvent des frais médicaux plus élevés plus tard dans la vie. Des soins préventifs réguliers sont également importants, car ils peuvent aider à détecter les problèmes de santé à un stade précoce, lorsqu'ils sont plus faciles et moins coûteux à traiter.

De plus, tenez compte de votre situation de logement et de l'impact qu'elle pourrait avoir sur vos besoins en matière de soins de santé à la retraite. De nombreux retraités choisissent de déménager dans un logement plus petit ou dans des communautés qui offrent un accès plus facile aux installations et services médicaux. Certains choisissent de vivre dans des communautés de retraités où les services de santé sont plus facilement disponibles ou où ils peuvent recevoir de l'aide à mesure qu'ils vieillissent. Bien que le déménagement puisse entraîner des coûts initiaux, il peut en fin de compte vous faire économiser de l'argent et réduire le stress en vous garantissant un accès rapide et fiable aux services de santé dont vous aurez besoin à mesure que vous vieillissez.

En résumé, ne pas planifier les frais de santé est une erreur grave qui peut avoir de graves répercussions sur votre stabilité financière à la retraite. Les frais de santé ont tendance à augmenter avec l'âge et ne pas en tenir compte peut entraîner des difficultés financières et limiter votre capacité à profiter de vos années de retraite. Pour éviter cette erreur, il est essentiel d'estimer les frais de santé futurs, de constituer un fonds d'épargne dédié aux frais médicaux et d'envisager des choix de style de vie et de logement qui peuvent contribuer à atténuer les problèmes de santé futurs. En prenant ces mesures, vous pouvez mieux vous protéger contre les risques financiers associés aux soins de santé et vous assurer de disposer des ressources nécessaires pour profiter d'une retraite saine et sûre.

Négliger les implications fiscales

L'un des aspects les plus souvent négligés de la planification de la retraite est la compréhension et la prise en compte des implications fiscales de vos revenus de retraite. Beaucoup de gens pensent que la retraite signifiera automatiquement une réduction de la charge fiscale, mais ce n'est pas toujours le cas. Négliger de planifier ses impôts peut entraîner des difficultés financières inattendues, une baisse des revenus et un niveau de vie compromis à la retraite. Bien que les règles fiscales diffèrent d'un pays à l'autre, le principe de gestion et de préparation des impôts s'applique universellement.

Dans la plupart des pays, les différentes sources de revenus de retraite (pensions, épargne, investissements et retraits de comptes de retraite) sont soumises à l'impôt. Si vous ne tenez pas compte de ces impôts, les retraités peuvent percevoir des revenus nettement inférieurs à ce qu'ils attendaient. Sans une planification minutieuse, vous pourriez être confronté à des impôts plus élevés qui érodent votre épargne-retraite, affectant votre capacité à couvrir vos frais de subsistance, vos frais de santé et à profiter de votre retraite.

L'un des principaux aspects fiscaux à prendre en compte lors de la retraite est l'imposition des prestations de retraite. Dans de nombreux pays, les pensions versées par l'État ou par l'employeur sont soumises à l'impôt sur le revenu, et le montant de l'impôt que vous devez payer peut dépendre de votre revenu total pendant la retraite. Si vous disposez de plusieurs sources de revenus, comme des biens locatifs ou des dividendes d'investissement, votre impôt global pourrait être plus élevé que prévu. Pour les retraités habitués à ce que leur pension fournisse une part importante de leurs revenus de retraite, découvrir qu'une grande partie de ces revenus est imposable peut être un réveil brutal.

Les revenus de placement sont un autre domaine dans lequel les retraités négligent souvent de tenir compte des implications fiscales.

Les dividendes, les gains en capital et les intérêts perçus sur les placements sont fréquemment imposés, et les taux peuvent varier en fonction des lois fiscales de votre pays et du type d'investissement. Si vous avez investi dans des actions, des obligations, des fonds communs de placement ou des biens immobiliers, il est essentiel de comprendre comment vos rendements seront imposés. Certains placements, comme les actions qui versent des dividendes, peuvent offrir des taux d'imposition avantageux, tandis que d'autres pourraient être imposés à des taux plus élevés, ce qui pourrait réduire votre rendement global.

Les retraits effectués sur des comptes d'épargne-retraite ou des pensions privées ont également des implications fiscales. Dans de nombreux pays, les cotisations à certains comptes de retraite sont effectuées avec des revenus avant impôts, ce qui signifie que vous reportez le paiement des impôts sur ces fonds jusqu'à ce que vous les retiriez à la retraite. Bien que cela offre des avantages fiscaux pendant vos années de travail, cela signifie que les retraits de ces comptes seront soumis à l'impôt sur le revenu à la retraite. Plus vous retirez d'argent au cours d'une année donnée, plus votre obligation fiscale peut être élevée, surtout si cela vous pousse dans une tranche d'imposition supérieure.

Un autre piège fiscal dans lequel tombent souvent les retraités est de ne pas bien gérer le moment de leurs retraits. Dans de nombreux cas, les retraités retirent des sommes importantes au début de leur retraite pour couvrir des dépenses importantes, comme des rénovations domiciliaires, des factures médicales ou des voyages. Des retraits importants peuvent augmenter considérablement votre revenu imposable pour cette année-là, ce qui entraîne une facture fiscale plus élevée que si vous aviez étalé ces retraits sur plusieurs années. Ce problème est aggravé si vous recevez plusieurs sources de revenus, comme une pension, des rendements de placement et des revenus locatifs, qui peuvent tous être imposés à des taux différents.

Une stratégie clé pour atténuer le fardeau fiscal consiste à diversifier vos sources de revenus de retraite. Par exemple, avoir une combinaison de sources de revenus imposables et non imposables peut vous aider à réduire votre impôt global. Certains pays proposent des comptes libres d'impôt pour les retraités, où les investissements ou l'épargne peuvent croître en franchise d'impôt et les retraits ne sont pas imposés. L'utilisation de ces types de comptes en parallèle avec d'autres sources de revenus imposables peut vous aider à gérer votre exposition fiscale et à vous assurer de conserver une plus grande partie de vos revenus de retraite.

Les retraités peuvent également bénéficier de stratégies de retrait fiscalement avantageuses. Dans certains cas, il peut être avantageux de retirer d'abord les fonds des comptes qui sont imposés à un taux inférieur, ce qui permet aux comptes à impôt différé de continuer à croître. En étalant les retraits et en tenant compte des tranches d'imposition, les retraités peuvent minimiser leur fardeau fiscal tout en s'assurant que leurs besoins en revenus sont satisfaits.

L'impôt sur les gains en capital est un autre aspect important à prendre en compte. Si vous possédez des placements tels que des actions, des biens immobiliers ou d'autres actifs, leur vente pendant la retraite pourrait entraîner des impôts sur les gains en capital. De nombreux retraités oublient d'en tenir compte lors de la planification de leurs finances, en supposant que le rendement de leurs investissements est exonéré d'impôt. Comprendre le fonctionnement de l'impôt sur les gains en capital, notamment la différence entre les gains en capital à court et à long terme, peut vous aider à mieux planifier le moment et la manière de vendre vos actifs afin de minimiser votre obligation fiscale.

Si vous envisagez de déménager à la retraite, que ce soit dans votre pays ou dans un autre, vous devrez tenir compte des implications fiscales de ce déménagement. Certaines régions ou certains pays ont des règles fiscales différentes pour les retraités, ce qui peut augmenter ou diminuer votre charge fiscale en fonction de l'endroit où vous déménagez. Par exemple, certains pays offrent des taux d'imposition avantageux pour les retraités étrangers ou des taux d'imposition plus bas sur certains types de revenus. Il est important de se renseigner sur les règles fiscales de toute destination de retraite potentielle pour éviter de payer des impôts inattendus après votre déménagement.

Pour les retraités propriétaires de biens immobiliers, les revenus locatifs peuvent constituer une source de revenus précieuse pendant la retraite. Cependant, de nombreuses personnes ne se rendent pas compte que les revenus locatifs sont souvent imposables et peuvent augmenter considérablement leur impôt annuel. De plus, la vente d'un bien locatif peut entraîner des impôts sur les gains en capital, ce qui peut encore compliquer votre situation fiscale. Une planification adéquate des conséquences fiscales de la possession et de la vente d'un bien immobilier peut vous aider à éviter les surprises financières plus tard dans votre retraite.

Les droits de succession et les impôts sur les successions sont également des éléments essentiels à prendre en compte, surtout si vous envisagez de transmettre votre patrimoine à votre famille. Certains pays imposent des impôts sur les biens laissés aux héritiers, ce qui peut réduire considérablement le montant que recevront vos bénéficiaires. Ne pas prévoir ces impôts peut entraîner des conséquences financières imprévues pour vos proches. En intégrant la planification successorale à votre stratégie de retraite, vous pouvez vous assurer que vos actifs seront répartis selon vos souhaits et que les impôts seront minimisés dans la mesure du possible.

En résumé, négliger les implications fiscales est une erreur courante et coûteuse dans la planification de la retraite. Les revenus de retraite sont soumis à divers impôts, notamment l'impôt sur le revenu des pensions, les retraits des comptes d'épargne, les rendements des placements et les gains en capital. Il est essentiel de comprendre et de planifier ces impôts pour préserver votre épargne-retraite et maintenir un style de vie confortable. Des stratégies telles que la diversification des sources de revenus, le calendrier des retraits et l'utilisation de comptes fiscalement avantageux peuvent vous aider à réduire votre fardeau fiscal et à protéger votre bien-être financier tout au long de votre retraite.

Sous-épargne pour la retraite

L'une des erreurs les plus graves que les gens commettent lorsqu'ils planifient leur retraite est de ne pas épargner suffisamment pour maintenir le style de vie qu'ils souhaitent avoir pendant leurs vieux jours. Ne pas épargner suffisamment pour la retraite peut entraîner des difficultés financières, obligeant les retraités à faire des compromis sur leur niveau de vie, à travailler plus longtemps que prévu ou même à compter sur le soutien financier de leur famille. Les conséquences d'une épargne insuffisante sont considérables et cette erreur peut souvent être difficile à corriger, surtout si vous vous en rendez compte trop tard dans votre carrière.

La principale raison pour laquelle de nombreuses personnes sous-épargnent pour leur retraite est qu'elles sous-estiment le montant dont elles auront besoin pour maintenir leur niveau de vie à la retraite. On croit souvent à tort que les dépenses diminueront considérablement une fois que l'on aura arrêté de travailler. S'il est vrai que certains coûts, comme les frais de transport ou les frais liés au travail, peuvent diminuer, de nombreuses autres dépenses restent les mêmes, voire augmentent. Par exemple, les frais de santé augmentent généralement avec l'âge, les activités de loisirs peuvent devenir plus fréquentes et l'inflation érode le pouvoir d'achat au fil du temps. Sans une planification minutieuse, ces coûts peuvent rapidement épuiser l'épargne d'un retraité, surtout s'il n'a pas suffisamment épargné.

L'une des raisons de cette erreur de calcul est que les gens se concentrent souvent sur le court terme, en donnant la priorité aux besoins et aux désirs financiers immédiats au détriment de l'épargne à long terme. Il est facile de tomber dans le piège de penser que la retraite est loin et qu'il y a tout le temps de rattraper son retard plus tard. Cependant, ce type de raisonnement conduit à retarder l'épargne, et plus on attend pour commencer, plus il devient difficile d'accumuler les fonds nécessaires. L'intérêt composé est plus efficace lorsqu'on lui donne le temps de fructifier, et retarder l'épargne-retraite revient à passer à côté des avantages de la capitalisation au fil des ans.

    Un autre facteur qui contribue à la sous-épargne est le manque de connaissance de la durée de la retraite. L'espérance de vie augmentant dans de nombreuses régions du monde, les gens vivent plus longtemps que jamais auparavant. Bien que cela soit sans aucun doute positif, cela signifie également que l'épargne-retraite doit être plus longue que prévu. Il n'est pas rare que les gens passent 20, 30 ou même 40 ans à la retraite, et si l'on ne tient pas compte de ce fait, on peut vivre plus longtemps que prévu. Sans un pécule suffisant, les retraités peuvent se retrouver confrontés à des difficultés financières dans leurs dernières années, lorsqu'ils sont le moins en mesure de retourner au travail ou d'apporter des changements importants à leur mode de vie.

    Outre l'allongement de l'espérance de vie, l'inflation joue un rôle important dans la diminution de la valeur de l'épargne au fil du temps. Même une inflation modérée peut réduire considérablement votre pouvoir d'achat à la retraite. Par exemple, le coût des biens de consommation courante, comme la nourriture, le logement et les services publics, peut augmenter au fil des ans, alors que la valeur de votre épargne reste la même. Si vous n'avez pas épargné suffisamment pour tenir compte de l'inflation, vous aurez peut-être de plus en plus de mal à couvrir vos dépenses de base au fil des ans.

    De nombreuses personnes ne réfléchissent pas suffisamment au style de vie qu'elles souhaitent avoir à la retraite. La retraite est souvent considérée comme une période de détente et de plaisir, avec la liberté de s'adonner à des loisirs, de voyager et de passer du temps avec ses proches. Cependant, ces activités nécessitent de l'argent et, sans épargne adéquate, les retraités peuvent être obligés de revoir leurs projets à la baisse. Il est important d'être réaliste quant au style de vie que vous souhaitez avoir à la retraite et d'épargner en conséquence. Que vous envisagiez de voyager beaucoup, de déménager ou de vous adonner à de nouveaux loisirs, ces activités entraînent des coûts qui doivent être pris en compte dans votre plan d'épargne-retraite.

L'une des façons les plus efficaces d'éviter de sous-épargner pour la retraite est de commencer à épargner tôt et régulièrement. Plus vous commencez à épargner tôt, plus vos investissements ont le temps de fructifier. Même de petites cotisations versées en début de carrière peuvent s'accumuler au fil du temps pour constituer un fonds de retraite important. De plus, en prenant l'habitude d'épargner régulièrement, vous vous assurez de travailler constamment à la réalisation de vos objectifs financiers, plutôt que de compter sur des efforts de dernière minute pour rattraper votre retard.

Pour ceux qui ont commencé à épargner plus tard dans leur vie, tout n'est pas perdu, mais il leur faudra adopter des stratégies d'épargne et d'investissement plus agressives pour rattraper le temps perdu. Augmenter votre taux d'épargne et réduire les dépenses inutiles au cours des années précédant la retraite peut vous aider à accroître votre fonds de retraite. De plus, investir dans des actifs offrant des rendements plus élevés, tout en comprenant les risques associés, peut aider à combler l'écart d'épargne. Cependant, il est important d'équilibrer les placements à risque élevé avec des options plus stables pour garantir que votre épargne soit protégée à l'approche de la retraite.

Un autre aspect crucial pour éviter de sous-épargner est de réévaluer régulièrement vos objectifs de retraite et la progression de votre épargne. Les circonstances de la vie changent et il est important d'ajuster votre plan d'épargne en conséquence. Par exemple, si vous recevez une augmentation de salaire, héritez d'argent ou remboursez des dettes importantes, envisagez d'affecter une partie de ce revenu supplémentaire à votre épargne-retraite. Réviser périodiquement votre plan d'épargne peut vous aider à vous assurer que vous êtes sur la bonne voie et vous permettre de faire des ajustements avant qu'il ne soit trop tard.

Il est également utile de demander conseil à un professionnel de la finance pour planifier sa retraite. De nombreuses personnes sous-estiment le montant qu'elles doivent épargner parce qu'elles ne savent pas comment calculer avec précision leurs besoins de retraite. Un conseiller financier peut vous aider à évaluer vos objectifs, vos revenus, vos dépenses et d'autres facteurs pour créer un plan d'épargne-retraite réaliste. Il peut également vous conseiller sur les stratégies de placement qui correspondent à votre tolérance au risque et à vos objectifs à long terme, garantissant ainsi que votre épargne croît à un rythme approprié.

Enfin, il est important de reconnaître que la planification de la retraite ne consiste pas seulement à épargner, mais aussi à gérer cette épargne judicieusement. Même si vous avez suffisamment épargné, une mauvaise gestion financière à la retraite peut vous amener à dépenser trop ou à investir de manière inappropriée, ce qui peut rapidement épuiser vos fonds. Une bonne stratégie de retraite consiste non seulement à épargner suffisamment, mais aussi à faire preuve de prudence en matière de retraits et d'investissements une fois à la retraite.

En conclusion, sous-épargner pour la retraite est une erreur courante et potentiellement dévastatrice. De nombreuses personnes sous-estiment le montant dont elles auront besoin pour maintenir le style de vie qu'elles souhaitent, ne tiennent pas compte de l'inflation et négligent l'impact de l'allongement de l'espérance de vie. La clé pour éviter cet écueil est de commencer à épargner tôt, d'épargner régulièrement et de réévaluer régulièrement vos objectifs financiers. En prenant ces mesures, vous pouvez vous assurer de disposer des ressources nécessaires pour profiter d'une retraite confortable et financièrement sûre.

Ne pas réévaluer régulièrement les plans de retraite

L'un des aspects les plus importants et souvent négligés d'une planification efficace de la retraite est la nécessité de réévaluer et de mettre à jour régulièrement votre stratégie de retraite. De nombreuses personnes établissent leurs plans de retraite en fonction de leur situation actuelle et de leurs hypothèses sur l'avenir, mais oublient ensuite de revoir et d'ajuster leurs plans à mesure que leur vie change. Cet oubli peut entraîner des difficultés financières importantes et potentiellement faire dérailler vos objectifs de retraite.

La principale raison pour laquelle on ne réévalue pas les plans de retraite est l'hypothèse selon laquelle une fois qu'un plan est établi, il n'a plus besoin d'être modifié. S'il est vrai qu'il est essentiel d'avoir un plan bien pensé, il est tout aussi important de reconnaître que la vie est dynamique et en constante évolution. La situation personnelle, les conditions économiques et les marchés financiers peuvent changer de manière inattendue, et un plan de retraite qui n'est pas adapté à ces changements peut devenir obsolète ou inadéquat.

Un changement de situation personnelle est un scénario courant qui nécessite une réévaluation. Des événements de la vie comme un mariage, un divorce, la naissance d'enfants ou le décès d'un conjoint peuvent avoir des répercussions importantes sur votre situation financière et vos projets de retraite. Par exemple, la naissance d'un enfant peut accroître vos responsabilités financières et modifier vos priorités, ce qui nécessite des ajustements à votre stratégie d'épargne-retraite. De même, un divorce peut affecter vos ressources financières et nécessiter une réévaluation de vos objectifs de retraite. Si vous n'ajustez pas votre plan en réponse à ces changements, vous risquez de ne pas épargner suffisamment ou d'atteindre des objectifs mal alignés.

Un autre facteur crucial à prendre en compte est l'évolution des revenus ou de l'emploi. Les avancements de carrière, les pertes d'emploi ou les changements de situation professionnelle peuvent influer sur votre capacité à épargner et à investir en vue de la retraite. Si vous recevez une augmentation de salaire, cela peut être l'occasion d'augmenter votre épargne-retraite. À l'inverse, une perte d'emploi ou une diminution des revenus peut vous obliger à ajuster votre stratégie d'épargne pour vous assurer de pouvoir toujours atteindre vos objectifs de retraite. Une révision régulière de votre plan de retraite vous permet d'apporter les ajustements nécessaires en fonction de l'évolution de vos revenus ou de votre situation professionnelle.

La conjoncture économique et les marchés financiers jouent également un rôle important dans la planification de la retraite. Les fluctuations des taux d'intérêt, des taux d'inflation et des rendements des placements peuvent avoir une incidence sur votre épargne-retraite et vos placements. Par exemple, des périodes prolongées de faibles taux d'intérêt peuvent nuire à la croissance de votre épargne si vous dépendez fortement des comptes portant intérêt. De même, des baisses importantes des marchés peuvent avoir une incidence sur la valeur de vos placements, ce qui peut nécessiter une réévaluation de votre stratégie de placement et de votre répartition de l'actif. Une révision régulière de votre plan vous permet de rester informé de ces changements et d'apporter des ajustements pour protéger votre avenir financier.

L'inflation est un autre facteur qui peut éroder votre pouvoir d'achat au fil du temps. Il est donc essentiel de réévaluer périodiquement votre plan de retraite. Même si vos objectifs d'épargne initiaux étaient suffisants, l'inflation peut augmenter le coût de la vie et réduire la valeur de votre argent. En révisant régulièrement votre plan et en ajustant vos objectifs d'épargne en fonction de l'inflation, vous pouvez vous assurer que votre revenu de retraite demeure suffisant pour couvrir vos dépenses.

Les coûts des soins de santé sont également un élément essentiel à prendre en compte et peuvent évoluer au fil du temps. À mesure que vous vieillissez, vos besoins en matière de soins de santé et les dépenses associées sont susceptibles d'augmenter. Si votre plan de retraite ne tient pas compte de l'augmentation des coûts des soins de santé ou de l'évolution de votre état de santé, vous risquez de ne pas être préparé à faire face à ces dépenses. Une réévaluation régulière de votre plan de retraite vous permet d'ajuster vos stratégies d'épargne et d'investissement pour faire face aux coûts de soins de santé prévus et protéger votre bien-être financier.

Les lois et réglementations fiscales peuvent également changer, ce qui a une incidence sur votre planification de la retraite. Les ajustements apportés à la politique fiscale ou les changements dans votre situation fiscale peuvent avoir une incidence sur votre épargne-retraite et vos retraits. Par exemple, les changements dans les taux d'imposition ou les réglementations touchant les comptes de retraite peuvent influencer votre stratégie de retrait de fonds ou de gestion des investissements. En vous tenant informé des changements fiscaux et en les intégrant à votre plan de retraite, vous vous assurez de prendre les décisions les plus efficaces sur le plan fiscal pour votre épargne-retraite.

De plus, des changements dans vos objectifs de retraite ou vos préférences en matière de style de vie peuvent nécessiter des ajustements à votre plan de retraite. À l'approche de la retraite, vous pouvez réévaluer le style de vie et les activités que vous souhaitez, comme voyager, déménager ou vous adonner à de nouveaux passe-temps. Ces changements peuvent avoir une incidence sur vos besoins financiers et nécessiter des ajustements à votre plan d'épargne pour vous assurer de pouvoir atteindre le style de vie de retraite que vous envisagez.

Pour réévaluer efficacement votre plan de retraite, il est important d'établir une routine de révisions régulières. Cela peut se faire une fois par an ou chaque fois que des événements importants de la vie ou des changements financiers surviennent. Au cours de ces révisions, évaluez votre situation financière actuelle, évaluez les progrès réalisés par rapport à vos objectifs de retraite et ajustez votre stratégie au besoin. Consulter un conseiller financier peut vous fournir des informations précieuses et vous aider à prendre des décisions éclairées concernant l'ajustement de votre plan.

En résumé, si vous ne réévaluez pas régulièrement vos plans de retraite, vous risquez de rencontrer des difficultés financières et de rater des occasions. Les changements de vie, la conjoncture économique, l'inflation, les coûts des soins de santé et les lois fiscales peuvent tous avoir un impact sur votre stratégie de retraite. En révisant et en mettant à jour régulièrement votre plan de retraite, vous pouvez vous assurer qu'il reste en phase avec vos objectifs, qu'il s'adapte aux circonstances changeantes et qu'il répond efficacement à tout défi émergent. Cette approche proactive vous aidera à maintenir votre sécurité financière et à vivre une retraite confortable et épanouissante.

Retirer ses économies trop tôt

Retirer trop tôt son épargne-retraite est une erreur grave qui peut mettre en péril votre sécurité financière à long terme et perturber vos projets de retraite. Cette erreur résulte souvent d'un manque de compréhension de l'impact des retraits anticipés sur votre stratégie de retraite globale ou de pressions financières immédiates qui rendent un accès anticipé aux fonds nécessaire. Cependant, les conséquences de tels retraits peuvent être de grande portée et préjudiciables à vos objectifs de retraite.

L'un des principaux risques associés au retrait prématuré de votre épargne est l'épuisement de votre fonds de retraite. Les comptes de retraite et l'épargne sont conçus pour assurer une sécurité financière tout au long de vos années de retraite, qui peuvent s'étendre sur plusieurs décennies. Retirer des fonds avant l'âge de la retraite peut réduire considérablement le montant d'argent dont vous pourrez disposer plus tard dans votre vie. Cet épuisement précoce peut entraîner des difficultés financières, en particulier si vous faites face à des dépenses imprévues ou si vous êtes confronté à une retraite plus longue que prévu.

Un autre élément important à prendre en compte est l'impact des retraits anticipés sur le potentiel de croissance de votre épargne. Les comptes de retraite bénéficient souvent d'intérêts composés, où les intérêts gagnés sur votre investissement initial génèrent des intérêts supplémentaires au fil du temps. En retirant des fonds plus tôt, vous réduisez non seulement le montant principal qui génère des intérêts composés, mais vous renoncez également à une croissance potentielle future. Cette perte de croissance peut avoir un effet cumulatif, ce qui signifie que plus vous retirez tôt, plus vous perdez de revenus potentiels à long terme. Cette réduction du potentiel de croissance peut affecter considérablement la capacité de votre fonds de retraite à vous soutenir tout au long de votre retraite.

En plus d'avoir un impact sur la croissance de votre épargne, les retraits anticipés peuvent également avoir des conséquences fiscales négatives. Dans de nombreux pays, le retrait de fonds de comptes de retraite avant un certain âge ou en dehors de conditions spécifiques peut entraîner des pénalités ou des impôts supplémentaires. Ces pénalités peuvent être substantielles et réduire encore davantage le montant d'argent dont vous disposez pour la retraite. Même si les pénalités ne sont pas appliquées, les retraits anticipés vous placent souvent dans une tranche d'imposition supérieure, ce qui entraîne une plus grande obligation fiscale sur les fonds retirés. Comprendre les implications fiscales des retraits anticipés et planifier en conséquence peut vous aider à éviter des charges fiscales inattendues.

Le stress financier ou les urgences financières sont souvent les principaux facteurs qui poussent à effectuer des retraits anticipés. Même si cela peut sembler une solution viable pour accéder à votre épargne en cas de besoin financier, cette approche peut compromettre votre sécurité de retraite à long terme. Avant de retirer de l'argent de votre épargne-retraite, il est essentiel d'explorer d'autres options, comme des fonds d'urgence, une couverture d'assurance ou d'autres sources de revenus. En relevant les défis financiers par ces moyens, vous pouvez préserver votre épargne-retraite et maintenir vos objectifs financiers à long terme.

Un autre élément à prendre en compte est l'impact des retraits anticipés sur votre style de vie à la retraite. Lorsque vous retirez des fonds de manière anticipée, vous devrez peut-être ajuster vos plans de retraite pour tenir compte de la réduction de votre épargne. Cela peut signifier retarder votre départ à la retraite, réduire vos dépenses ou activités souhaitées ou dépendre davantage de la sécurité sociale ou d'autres sources de revenus. Les ajustements nécessaires peuvent affecter votre qualité de vie à la retraite et limiter votre capacité à profiter de la retraite que vous aviez imaginée.

Pour éviter les pièges des retraits anticipés, il est essentiel d'avoir une stratégie d'épargne-retraite bien structurée qui comprend un fonds d'urgence et une compréhension claire de vos besoins financiers à long terme. La constitution d'un fonds d'urgence peut fournir un filet de sécurité pour les dépenses imprévues, réduisant ainsi la nécessité de puiser prématurément dans votre épargne-retraite. De plus, l'établissement d'un plan financier complet qui tient compte des changements de vie et des urgences potentiels peut vous aider à gérer votre épargne plus efficacement et à éviter les retraits anticipés.

Si vous vous trouvez dans une situation où un retrait anticipé semble inévitable, il est conseillé de consulter un conseiller financier. Un conseiller peut vous aider à évaluer l'impact potentiel sur votre épargne-retraite, à explorer des solutions alternatives et à prendre des décisions éclairées sur l'accès à vos fonds. Il peut également vous conseiller sur la façon de minimiser les effets négatifs des retraits anticipés et d'ajuster votre plan de retraite pour tenir compte des changements nécessaires.

En résumé, retirer son épargne-retraite trop tôt peut avoir de graves conséquences sur votre sécurité financière à long terme. L'impact sur la croissance de votre épargne, les éventuelles répercussions fiscales et la nécessité d'ajuster votre mode de vie à la retraite peuvent compromettre votre capacité à vivre une retraite confortable. En comprenant les risques associés aux retraits anticipés, en explorant d'autres solutions aux problèmes financiers et en maintenant une stratégie d'épargne-retraite bien structurée, vous pouvez protéger vos fonds de retraite et vous assurer une retraite plus sûre et plus épanouissante.

Ne pas avoir de fonds d'urgence

Négliger de maintenir un fonds d'urgence est une grave erreur dans la planification de la retraite qui peut avoir de graves conséquences sur votre stabilité financière. Un fonds d'urgence est un élément essentiel d'une stratégie financière globale, conçu pour fournir un filet de sécurité en cas de dépenses imprévues ou d'urgences financières qui pourraient survenir. Sans un fonds d'urgence adéquat, vous pourriez vous retrouver obligé de puiser dans votre épargne-retraite, ce qui peut compromettre votre sécurité financière à long terme et perturber vos projets de retraite.

Un fonds d'urgence sert de tampon contre les difficultés financières imprévues, comme des dépenses médicales imprévues, des réparations urgentes à la maison ou une perte d'emploi soudaine. Ces types d'urgences peuvent survenir à tout moment et nécessitent souvent un accès immédiat aux fonds. Sans fonds d'urgence dédié, vous pourriez être tenté de puiser dans votre épargne-retraite ou de contracter des dettes à taux d'intérêt élevé pour couvrir ces coûts. Ces deux options peuvent avoir des effets néfastes sur votre planification de la retraite et votre bien-être financier.

L'un des principaux risques liés à l'absence d'un fonds d'urgence est la nécessité potentielle de puiser prématurément dans votre épargne-retraite. Les comptes de retraite sont destinés à assurer une sécurité financière à long terme et ne sont généralement pas facilement accessibles sans pénalités ni conséquences fiscales. En utilisant les fonds de retraite pour faire face à des urgences, non seulement vous épuisez votre épargne, mais vous compromettez également le potentiel de croissance de vos investissements. Ce retrait anticipé peut réduire considérablement le montant d'argent disponible pour vos années de retraite et peut entraîner des difficultés financières plus tard dans la vie.

En plus d'épuiser votre épargne-retraite, ne pas maintenir un fonds d'urgence peut entraîner un stress et une instabilité financiers accrus.

Sans filet de sécurité, vous pourriez ressentir davantage de pression pour prendre des décisions financières hâtives, comme contracter des prêts à taux d'intérêt élevé ou vendre des placements à un moment inopportun. Ce stress peut avoir un impact sur votre santé financière globale et rendre plus difficile l'atteinte de vos objectifs de retraite.

Un autre point important est que les urgences nécessitent souvent une action immédiate, et il est essentiel d'avoir accès à des fonds facilement disponibles. Si vous ne disposez pas d'un fonds d'urgence, vous devrez peut-être vous démener pour trouver des fonds rapidement, ce qui peut entraîner de mauvaises décisions financières ou des retards dans la résolution de problèmes urgents. Un fonds d'urgence vous permet de disposer des liquidités nécessaires pour faire face à des dépenses imprévues sans perturber votre plan financier.

Il est particulièrement important pour les retraités de constituer et de maintenir un fonds d'urgence, car ils peuvent être confrontés à des risques financiers accrus en raison de problèmes liés à l'âge et à des revenus fixes. Les urgences médicales, les réparations imprévues au domicile ou d'autres besoins urgents peuvent survenir plus fréquemment à mesure que vous vieillissez. Disposer d'un fonds d'urgence vous permet de répondre à ces besoins sans affecter votre épargne-retraite ou votre style de vie.

Pour constituer un fonds d'urgence solide, pensez à mettre de côté une partie de vos revenus à cette fin. Les experts financiers recommandent généralement de conserver l'équivalent de trois à six mois de dépenses courantes dans un compte facilement accessible, comme un compte d'épargne ou un fonds du marché monétaire. Ce montant peut varier en fonction de votre situation personnelle et du niveau de sécurité financière que vous souhaitez. Pour les retraités, il peut être prudent de conserver une réserve plus importante pour faire face aux urgences potentielles et aux fluctuations de revenus.

Créer et maintenir un fonds d'urgence demande de la discipline et de la planification. Commencez par évaluer votre situation financière actuelle et déterminez le montant que vous devez épargner. Mettez régulièrement de côté une partie de vos revenus pour constituer progressivement votre fonds d'urgence. L'automatisation de vos cotisations peut rendre ce processus plus facile à gérer et vous permettre d'augmenter régulièrement votre fonds.

En plus de constituer un fonds d'urgence, il est important de réévaluer et d'ajuster régulièrement le montant que vous avez épargné. À mesure que votre situation financière ou vos dépenses évoluent, vous devrez peut-être augmenter ou ajuster votre fonds d'urgence pour maintenir une couverture adéquate. En réévaluant régulièrement votre fonds, vous vous assurez d'être prêt à faire face à toute situation imprévue et de maintenir votre filet de sécurité financière efficace.

En conclusion, ne pas avoir de fonds d'urgence est une erreur grave dans la planification de la retraite qui peut compromettre votre stabilité financière et vos objectifs à long terme. Un fonds d'urgence constitue une protection essentielle contre les dépenses imprévues et permet d'éviter d'avoir à puiser prématurément dans votre épargne-retraite. En établissant et en maintenant un fonds d'urgence, vous pouvez préserver votre sécurité financière, réduire votre stress et vous assurer d'être prêt à faire face à des défis imprévus sans compromettre vos plans de retraite.

Négliger de tenir compte de la longévité

Ne pas tenir compte de la longévité est une erreur critique dans la planification de la retraite qui peut avoir de graves conséquences sur votre sécurité financière à long terme. Alors que l'espérance de vie continue d'augmenter partout dans le monde, la possibilité de vivre jusqu'à 80 ou 90 ans est de plus en plus courante. Ne pas planifier une espérance de vie plus longue que prévu peut vous amener à épuiser vos économies, ce qui peut entraîner une instabilité financière et une diminution de votre qualité de vie dans vos dernières années.

L'un des principaux risques associés au fait de ne pas tenir compte de la longévité est l'épuisement potentiel de votre fonds de retraite. De nombreuses personnes planifient leur épargne-retraite en fonction de leur espérance de vie moyenne, en supposant qu'elles auront besoin de fonds pendant un certain nombre d'années. Cependant, si vous vivez plus longtemps que prévu, vous risquez d'épuiser votre épargne avant la fin de votre vie. Cela peut entraîner des difficultés financières, vous obligeant à réduire votre niveau de vie, à rechercher des sources de revenus supplémentaires ou à compter sur le soutien de membres de votre famille.

Le risque de longévité est particulièrement prononcé pour les retraités qui ne disposent pas de sources de revenus garanties, comme des pensions ou des rentes. Sans ces sources, votre revenu de retraite dépend de la longévité de votre épargne et de vos investissements. Si vos fonds sont épuisés, vous pourriez avoir du mal à couvrir vos dépenses essentielles comme le logement, les soins de santé et les frais de la vie quotidienne. Une planification adéquate est essentielle pour garantir que votre épargne durera tout au long de votre retraite, quelle que soit votre durée de vie.

Un autre facteur à prendre en compte est l'impact de l'inflation sur votre épargne-retraite. Au fil du temps, l'inflation érode le pouvoir d'achat de votre argent, ce qui signifie que le coût de la vie augmente même si votre épargne reste la même. Si vous ne planifiez pas votre longévité, vous risquez de ne pas tenir compte des effets cumulés de l'inflation sur vos dépenses à long terme. Par conséquent, votre épargne pourrait ne pas être aussi importante que prévu, ce qui aggrave encore le risque de manquer d'argent.

Les coûts des soins de santé jouent également un rôle important dans la planification de la longévité. À mesure que vous vieillissez, vos besoins et vos dépenses en matière de soins de santé sont susceptibles d'augmenter. Sans tenir compte de la longévité, vous risquez de sous-estimer les coûts potentiels des soins de santé qui pourraient survenir au cours des années à venir. Ces coûts peuvent être substantiels, notamment les dépenses liées aux médicaments, aux traitements et aux soins de longue durée. Ne pas planifier ces coûts potentiels peut mettre à rude épreuve vos finances et diminuer votre qualité de vie.

Pour parer au risque d'épuiser votre épargne de votre vivant, il est important d'intégrer à votre plan de retraite des stratégies qui tiennent compte de la longévité. Une approche consiste à adopter une stratégie d'épargne prudente, qui consiste à épargner plus que ce que vous pensez être nécessaire au départ. En surestimant vos besoins et en épargnant en conséquence, vous pouvez créer un coussin financier plus important qui vous offrira une plus grande sécurité en cas de retraite plus longue que prévu.

Une autre stratégie consiste à diversifier vos sources de revenus pour inclure des options qui vous assurent un revenu garanti ou stable tout au long de votre retraite. Les rentes, par exemple, peuvent offrir un flux de revenus prévisible pendant une période déterminée ou pour le reste de votre vie, ce qui contribue à atténuer le risque d'épuiser votre épargne de votre vivant. De même, la diversification des placements pour inclure des actifs générateurs de revenus, comme des actions versant des dividendes ou des propriétés locatives, peut fournir des sources de revenus supplémentaires.

Il est également essentiel de revoir et d'ajuster régulièrement votre plan de retraite pour faire face au risque de longévité. À mesure que vous approchez de la retraite et que vous avancez dans vos années de retraite, il est important de réévaluer votre situation financière, de mettre à jour vos projections et d'ajuster votre stratégie au besoin. Cette évaluation continue permet de garantir que votre plan de retraite reste adapté à l'évolution de vos besoins et de votre situation.

Planifier sa longévité implique également de tenir compte des changements potentiels de son mode de vie et de ses dépenses au fil du temps. À mesure que l'on vieillit, ses habitudes de dépenses peuvent changer et ses besoins peuvent évoluer. Il est essentiel de tenir compte de ces changements dans son plan de retraite et d'ajuster ses stratégies d'épargne et de placement en conséquence. Par exemple, il peut être nécessaire de prévoir des frais de santé plus élevés, d'éventuelles modifications de son logement ou des changements dans ses déplacements et ses activités de loisirs.

Enfin, il peut être utile de demander conseil à un professionnel de la finance pour faire face au risque de longévité. Un conseiller financier peut vous aider à élaborer un plan de retraite complet qui tient compte de votre espérance de vie, de l'inflation, des coûts des soins de santé et d'autres facteurs. Il peut vous conseiller sur la façon de structurer vos investissements, d'optimiser vos sources de revenus et d'ajuster votre plan pour vous assurer de disposer de ressources suffisantes pour une retraite plus longue.

En résumé, négliger de tenir compte de la longévité est une grave erreur dans la planification de la retraite qui peut entraîner des difficultés financières et une diminution de la qualité de vie. En reconnaissant les risques associés à une espérance de vie plus longue que prévu et en intégrant des stratégies pour atténuer ces risques, vous pouvez mieux vous préparer à une retraite sûre et confortable. Adopter une approche d'épargne prudente, diversifier les sources de revenus, réviser régulièrement votre plan et demander l'avis d'un professionnel sont des étapes essentielles pour faire face au risque de longévité et vous assurer que votre épargne-retraite durera toute votre vie.

Mauvais calcul de l'âge de la retraite

Une erreur de calcul de l'âge de la retraite peut avoir des conséquences graves sur votre stabilité financière et votre planification globale de la retraite. L'âge de la retraite que vous choisissez peut avoir une incidence sur le montant que vous devez épargner, le moment de vos retraits et votre capacité à profiter du style de vie que vous envisagez à la retraite. Une erreur de calcul peut entraîner des difficultés financières, des ajustements inattendus à vos plans ou même la nécessité de travailler plus longtemps que prévu.

L'un des principaux risques associés à une mauvaise estimation de l'âge de la retraite est le risque de manquer d'épargne. Si vous prévoyez de prendre votre retraite plus tôt que vous ne le pouvez, vous risquez de ne pas disposer des fonds nécessaires pour couvrir vos frais de subsistance pendant toute la durée de votre retraite. Ce manque d'argent peut résulter de divers facteurs, comme une sous-estimation de votre espérance de vie, une mauvaise évaluation de vos dépenses futures ou l'omission de prendre en compte l'impact de l'inflation et des coûts des soins de santé. Sans épargne adéquate, vous pourriez être contraint de réduire votre niveau de vie, de retarder votre départ à la retraite ou de rechercher des sources de revenus supplémentaires.

À l'inverse, retarder la retraite peut aussi présenter des défis. Si travailler plus longtemps peut vous procurer un revenu supplémentaire et vous permettre d'épargner plus longtemps, cela peut aussi avoir des répercussions sur votre mode de vie et votre bien-être. La décision de travailler au-delà de l'âge prévu de la retraite peut être motivée par des impératifs financiers, mais elle peut également affecter votre qualité de vie, votre santé et vos objectifs personnels. Si vous calculez mal votre âge de retraite et que vous vous retrouvez dans une situation où vous ne pouvez pas prendre votre retraite comme prévu, cela peut entraîner du stress et de la frustration, ce qui aura un impact sur votre expérience globale de la retraite.

Pour évaluer avec précision votre âge de départ à la retraite, vous devez bien comprendre votre situation financière, vos objectifs de style de vie et vos problèmes de santé. De nombreuses personnes basent leur âge de départ à la retraite sur des hypothèses générales ou des facteurs externes, comme l'admissibilité aux prestations gouvernementales ou aux régimes de retraite, sans tenir pleinement compte de leur situation particulière. Cette approche peut conduire à des erreurs de calcul si vos besoins et ressources réels diffèrent de ces hypothèses.

Pour éviter de mal calculer l'âge de votre retraite, il est essentiel d'adopter une approche globale de la planification de la retraite. Commencez par évaluer votre situation financière actuelle, y compris votre épargne, vos placements, vos sources de revenus et vos dépenses. Tenez compte de facteurs tels que le style de vie que vous souhaitez avoir à la retraite, les coûts potentiels des soins de santé et les dettes ou obligations en cours. Cette évaluation vous aidera à déterminer un âge de retraite réaliste qui correspond à vos objectifs et besoins financiers.

Il est également important de prendre en compte votre espérance de vie lorsque vous planifiez votre retraite. Bien qu'il soit difficile de prédire combien de temps vous vivrez, l'utilisation des données sur l'espérance de vie moyenne et la prise en compte de vos antécédents médicaux personnels peuvent fournir une estimation plus précise. Planifier une retraite plus longue vous permet de vous assurer de disposer de fonds suffisants pour couvrir vos dépenses tout au long de vos dernières années.

Intégrer de la flexibilité dans votre plan de retraite peut vous aider à éviter d'éventuelles erreurs de calcul. Plutôt que de fixer un âge de départ à la retraite fixe, envisagez d'élaborer une série d'âges de départ à la retraite ou de scénarios basés sur différents résultats financiers. Cette flexibilité vous permet d'adapter vos plans si votre situation change, par exemple en cas de problèmes de santé imprévus ou de changement dans votre situation financière. La mise en place de plans alternatifs peut vous aider à gérer l'incertitude liée à la planification de la retraite et à réduire le risque de faire face à des difficultés financières.

Une autre stratégie clé pour éviter les erreurs de calcul consiste à réviser et à ajuster régulièrement votre plan de retraite. À l'approche de la retraite, évaluez vos progrès par rapport à vos objectifs financiers et apportez les ajustements nécessaires à votre épargne, à vos placements ou à votre âge de départ à la retraite. Des révisions périodiques permettent de garantir que votre plan reste adapté à l'évolution de vos besoins et de votre situation, ce qui vous permet de prendre des décisions éclairées concernant votre retraite.

Il peut également être utile de demander conseil à un professionnel de la finance pour faire face aux complexités de la planification de la retraite. Un conseiller financier peut vous aider à élaborer un plan de retraite complet qui tient compte de vos objectifs, de vos ressources et de vos risques particuliers. Il peut vous conseiller sur l'optimisation de votre épargne, la gestion de vos investissements et la détermination d'un âge de retraite approprié en fonction de votre situation personnelle.

En résumé, un mauvais calcul de l'âge de votre retraite peut avoir des conséquences importantes sur votre stabilité financière et votre expérience de la retraite. En évaluant minutieusement votre situation financière, en tenant compte de votre espérance de vie, en intégrant de la flexibilité dans votre plan et en demandant l'avis d'un professionnel, vous pouvez éviter les risques associés aux erreurs de calcul et vous assurer une retraite plus sûre et plus agréable. Une planification précise et des ajustements réguliers vous aideront à atteindre vos objectifs de retraite et à profiter du style de vie que vous envisagez pour vos vieux jours.

Survol des régimes de retraite des employeurs

L'oubli des régimes de retraite d'employeur est un oubli important dans la planification de la retraite qui peut entraîner des occasions manquées de se bâtir un avenir financier plus sûr. De nombreuses personnes ne profitent pas pleinement des régimes de retraite parrainés par leur employeur, tels que les régimes de retraite d'entreprise ou les régimes à cotisations déterminées, soit en raison d'un manque de connaissance ou d'une mauvaise compréhension de leurs avantages. Cet oubli peut conduire à une épargne-retraite sous-optimale et à la perte des avantages que ces régimes offrent.

Les régimes de retraite d'employeurs comportent souvent plusieurs avantages clés qui peuvent considérablement améliorer votre épargne-retraite. L'un des avantages les plus importants est la possibilité de cotisations patronales. De nombreux employeurs offrent des cotisations de contrepartie, c'est-à-dire qu'ils versent une partie des cotisations de l'employé au régime de retraite jusqu'à une certaine limite. Cette cotisation de contrepartie est essentiellement de l'argent gratuit qui peut augmenter considérablement le montant que vous épargnez pour la retraite. En ne participant pas pleinement ou pas du tout, vous passez à côté de ces cotisations supplémentaires, qui pourraient autrement augmenter considérablement votre fonds de retraite au fil du temps.

Un autre avantage des régimes de retraite d'employeur est la possibilité de bénéficier d'avantages fiscaux. Dans de nombreux cas, les cotisations aux régimes de retraite d'employeur sont versées avant impôt, ce qui signifie qu'elles réduisent votre revenu imposable pour l'année au cours de laquelle elles sont versées. Cela peut réduire votre obligation fiscale actuelle et vous permettre d'affecter une plus grande partie de votre revenu à l'épargne-retraite. De plus, la croissance des investissements dans ces régimes est souvent reportée à l'impôt, ce qui signifie que vous ne payez pas d'impôt sur les gains jusqu'à ce que vous retiriez les fonds pendant votre retraite. Ne pas tenir compte de cet avantage revient à passer à côté des économies d'impôt potentielles et des avantages de croissance offerts par ces régimes.

Les régimes de retraite d'employeurs offrent souvent des options de placement gérées par des professionnels qui peuvent vous aider à constituer un portefeuille diversifié. Ces régimes offrent généralement une gamme de choix de placement, notamment des actions, des obligations et des fonds communs de placement, gérés par des professionnels qui peuvent vous aider à optimiser votre stratégie de placement. En participant à ces régimes, vous avez accès à une expertise et à des ressources en matière de placement qui ne sont peut-être pas disponibles par le biais de comptes de retraite individuels ou de placements autogérés. Si vous ne profitez pas de ces options, vous risquez d'adopter une stratégie de placement moins diversifiée et de générer des rendements potentiellement plus faibles.

De plus, les régimes de retraite d'employeur peuvent offrir des caractéristiques telles que l'inscription automatique et l'augmentation automatique. L'inscription automatique signifie que vous êtes inscrit au régime par défaut lorsque vous devenez admissible, et les cotisations sont automatiquement déduites de votre chèque de paie. L'augmentation automatique augmente progressivement votre taux de cotisation au fil du temps, vous aidant à épargner davantage à l'approche de la retraite. Ces caractéristiques peuvent simplifier le processus d'épargne et vous aider à constituer progressivement un fonds de retraite plus substantiel. Négliger ces caractéristiques signifie passer à côté de moyens pratiques d'améliorer votre épargne.

Il est également important de tenir compte des conséquences à long terme de la non-participation aux régimes de retraite d'employeur. Le fait de ne pas bénéficier des cotisations patronales et des avantages fiscaux peut se traduire par une réduction de votre fonds de retraite, ce qui vous oblige à épargner davantage de vos propres ressources ou à travailler plus longtemps pour atteindre vos objectifs de retraite. Cela peut nuire à votre qualité de vie à la retraite et limiter votre capacité à profiter du style de vie que vous envisagez.

Pour vous assurer de profiter pleinement du régime de retraite de votre employeur, commencez par comprendre les spécificités du régime offert par votre employeur. Passez en revue les documents du régime, notamment les limites de cotisation, les politiques de contrepartie et les options de placement. Assurez-vous de connaître les dates limites d'inscription ou de modification de vos cotisations.

Si votre employeur vous offre une cotisation de contrepartie, efforcez-vous de verser au moins suffisamment pour recevoir la totalité de la cotisation. Vous optimiserez ainsi les avantages que vous recevrez du régime et profiterez pleinement des économies supplémentaires offertes par votre employeur. Révisez et ajustez régulièrement vos cotisations au besoin, surtout si vous recevez des augmentations de salaire ou si votre situation financière change.

Envisagez de demander conseil à un conseiller financier pour vous aider à tirer le meilleur parti de votre régime de retraite d'employeur. Un conseiller peut vous aider à comprendre les caractéristiques du régime, à optimiser votre stratégie de placement et à l'intégrer à votre plan de retraite global. Il peut également vous aider à prendre des décisions éclairées concernant l'augmentation des cotisations, la gestion des placements et la planification de vos objectifs de retraite.

En résumé, négliger les régimes de retraite offerts par votre employeur peut vous faire rater des occasions d'accroître votre épargne-retraite et de sécuriser votre avenir financier. En participant pleinement à ces régimes, en profitant des cotisations et des avantages fiscaux de votre employeur et en utilisant les options de placement disponibles, vous pouvez constituer un fonds de retraite plus solide. Comprendre les caractéristiques du régime de votre employeur, fixer des niveaux de cotisation appropriés et demander conseil à un professionnel peut vous aider à maximiser les avantages des régimes de retraite offerts par votre employeur et à bénéficier d'une retraite plus sûre et plus confortable.

Ne pas demander de conseils financiers professionnels

Négliger de demander conseil à un professionnel en matière de finances est une erreur courante dans la planification de la retraite, qui peut entraîner des résultats financiers sous-optimaux et des occasions manquées. La planification financière est un domaine complexe, qui implique des stratégies d'investissement, des considérations fiscales, la planification successorale et divers autres facteurs qui peuvent avoir un impact significatif sur la sécurité de votre retraite. En ne consultant pas un conseiller financier, vous risquez de négliger des aspects essentiels de votre stratégie financière, ce qui peut entraîner des risques et des inefficacités potentiels.

L'un des principaux avantages de faire appel à des conseils financiers professionnels est l'expertise que les conseillers financiers apportent à la planification de la retraite. Les conseillers sont formés pour comprendre les subtilités des marchés financiers, des produits de placement, des lois fiscales et des stratégies de retraite. Ils peuvent fournir des informations et des recommandations précieuses basées sur leurs connaissances et leur expérience, vous aidant à prendre des décisions complexes et à élaborer un plan de retraite complet qui correspond à vos objectifs et à votre situation.

Les conseillers professionnels peuvent vous aider à créer un plan de retraite personnalisé qui répond à vos besoins particuliers, notamment en déterminant le taux d'épargne optimal, la stratégie de placement et le plan de retrait. Ils peuvent vous aider à fixer des objectifs de retraite réalistes, à estimer les dépenses futures et à projeter l'impact de divers scénarios sur votre sécurité financière. Sans ces conseils, vous risquez de prendre des décisions fondées sur des informations incomplètes ou des hypothèses obsolètes, ce qui pourrait compromettre votre préparation à la retraite.

Un autre avantage de demander conseil à un professionnel est la possibilité de recevoir des recommandations objectives et impartiales. Les conseillers financiers sont généralement des fiduciaires, ce qui signifie qu'ils sont légalement tenus d'agir dans votre intérêt. Cette perspective objective peut être particulièrement précieuse lors de l'évaluation des options de placement, de la sélection des comptes de retraite ou de la prise de décisions concernant la répartition des actifs. Les conseillers peuvent vous aider à éviter les conflits d'intérêts et à garantir que vos décisions financières sont alignées sur vos objectifs à long terme.

La planification fiscale est un autre domaine crucial où les conseils d'un professionnel peuvent faire une différence significative. Les conseillers financiers peuvent vous aider à vous y retrouver dans les complexités des lois fiscales et à identifier des stratégies pour minimiser votre impôt à payer. Ils peuvent vous conseiller sur les options de placement fiscalement avantageuses, les stratégies de retrait et l'impact des impôts sur votre revenu de retraite. Une planification fiscale appropriée peut améliorer votre efficacité financière globale et vous aider à conserver une plus grande partie de votre épargne-retraite.

La planification successorale est un autre aspect important de la préparation à la retraite qui bénéficie des conseils d'un professionnel. Les conseillers peuvent vous aider à créer un plan successoral qui répond à vos souhaits en matière de répartition des actifs, minimise les droits de succession et garantit que vos bénéficiaires seront pris en charge selon vos préférences. Sans une planification successorale appropriée, vous risquez de laisser des problèmes non résolus qui pourraient entraîner des complications juridiques ou des conséquences imprévues pour vos héritiers.

De plus, les conseillers financiers peuvent vous aider à gérer la volatilité des marchés et à ajuster votre stratégie de placement en fonction de l'évolution des conditions économiques. Ils peuvent vous aider à maintenir une approche disciplinée en matière de placement, à éviter les prises de décisions émotionnelles et à rester concentré sur vos objectifs à long terme. Ce soutien continu peut être essentiel pour traverser les périodes d'incertitude des marchés et pour garantir que votre plan de retraite reste sur la bonne voie.

Ne pas demander conseil à un professionnel de la finance peut également vous faire rater des occasions d'optimiser votre stratégie de retraite. Les conseillers peuvent vous aider à identifier et à tirer parti des possibilités d'investissement, des prestations gouvernementales et des produits financiers que vous ne connaissez peut-être pas. Ils peuvent également vous aider à prendre des décisions éclairées concernant les assurances, les comptes de retraite et d'autres questions financières qui ont une incidence sur votre préparation à la retraite.

Pour tirer le meilleur parti des conseils financiers d'un professionnel, commencez par choisir un conseiller qualifié et réputé. Recherchez des conseillers possédant les certifications appropriées, comme des planificateurs financiers agréés (CFP), et assurez-vous qu'ils ont de l'expérience en planification de la retraite. Effectuez des recherches approfondies, lisez les commentaires des clients et envisagez de planifier une première consultation pour évaluer si l'approche du conseiller correspond à vos besoins et à vos objectifs.

Une fois que vous avez choisi un conseiller, travaillez en collaboration pour élaborer un plan de retraite complet. Fournissez-lui des informations détaillées sur votre situation financière, vos objectifs et vos préoccupations. Soyez ouvert à ses recommandations et prêt à ajuster votre stratégie en fonction de son expertise. Révisez régulièrement votre plan avec votre conseiller pour apporter les ajustements nécessaires et restez informé de tout changement dans votre situation financière ou vos objectifs de retraite.

En résumé, ne pas demander conseil à un professionnel de la finance est une erreur grave qui peut avoir des répercussions sur votre planification de la retraite et votre sécurité financière. En consultant un conseiller financier qualifié, vous pouvez bénéficier de son expertise, recevoir des recommandations objectives et aborder des questions financières complexes telles que la planification fiscale et successorale. Les conseils d'un professionnel peuvent vous aider à élaborer une stratégie de retraite complète, à optimiser vos placements et à relever les défis financiers, améliorant ainsi votre capacité à vivre une retraite sûre et épanouissante.

Ne pas réussir à gérer ses dettes avant la retraite

Ne pas gérer efficacement ses dettes avant la retraite est une erreur grave qui peut compromettre votre sécurité financière et vos plans de retraite. Si les dettes ne sont pas gérées correctement, elles peuvent éroder votre épargne, limiter votre flexibilité financière et nuire à votre qualité de vie globale à la retraite. Il est essentiel de gérer vos dettes avant de prendre votre retraite pour vous assurer de pouvoir commencer votre retraite avec une base financière stable et un chemin clair vers la réalisation de vos objectifs de retraite.

L'un des principaux risques liés au fait de conserver une dette importante à la retraite est la pression que cela exerce sur vos revenus de retraite. À la retraite, vos principales sources de revenus sont généralement fixes, comme les pensions, l'épargne ou la sécurité sociale. Des niveaux d'endettement élevés peuvent absorber une part substantielle de ces revenus, ce qui vous laisse moins d'argent pour les dépenses essentielles et discrétionnaires. Cela peut entraîner une diminution de la qualité de vie, un stress financier et la nécessité de procéder à des ajustements difficiles de votre mode de vie.

La gestion de la dette a également une incidence sur votre capacité à épargner efficacement pour la retraite. Avoir de lourdes dettes implique souvent des paiements mensuels substantiels, ce qui peut limiter votre capacité à contribuer à votre épargne-retraite ou à vos comptes de placement. Cela peut se traduire par un fonds de retraite plus petit et potentiellement retarder votre capacité à prendre une retraite confortable. Une gestion et une réduction adéquates de la dette peuvent libérer des ressources qui peuvent être réorientées vers l'épargne, vous permettant ainsi de constituer un fonds de retraite plus solide.

Les intérêts sur les dettes peuvent être particulièrement lourds à payer et avoir un impact considérable sur vos finances. Les dettes à intérêt élevé, comme les soldes de cartes de crédit ou les prêts personnels, peuvent s'accumuler rapidement, augmentant le montant total que vous devez et réduisant votre marge de manœuvre financière. Plus vous portez cette dette longtemps, plus vous payez d'intérêts, ce qui peut épuiser davantage vos ressources et affecter votre épargne-retraite. Réduire ou éliminer les dettes à intérêt élevé avant la retraite peut contribuer à minimiser ces coûts et à améliorer votre santé financière globale.

Une bonne gestion de la dette contribue également à maintenir un bon score de crédit. Un score de crédit élevé est important pour obtenir des conditions favorables sur les prêts, les hypothèques et d'autres produits financiers. Entrer à la retraite avec un bon score de crédit peut faciliter l'accès au crédit si nécessaire, potentiellement à des taux plus avantageux. À l'inverse, avoir une dette importante et manquer des paiements peut avoir un impact négatif sur votre score de crédit, ce qui rend plus difficile l'obtention de crédit ou d'aide financière à l'avenir.

Pour gérer efficacement vos dettes avant la retraite, commencez par évaluer votre situation d'endettement actuelle. Dressez la liste de toutes vos dettes, y compris les soldes impayés, les taux d'intérêt et les mensualités. En comprenant l'ampleur de vos dettes, vous pourrez élaborer une stratégie de remboursement et déterminer les dettes à régler en priorité.

Envisagez de vous concentrer en priorité sur le remboursement des dettes à taux d'intérêt élevé. Les dettes à taux d'intérêt élevé, comme les soldes de cartes de crédit, peuvent rapidement s'accumuler et devenir plus coûteuses au fil du temps. Rembourser ces dettes en premier peut réduire le montant total des intérêts que vous payez et améliorer votre situation financière plus rapidement. Utilisez des stratégies telles que la méthode de l'avalanche de dettes, qui consiste à rembourser en premier les dettes ayant les taux d'intérêt les plus élevés, ou la méthode de la boule de neige, qui consiste à se concentrer sur le remboursement des plus petites dettes en premier pour avoir un sentiment d'accomplissement.

Créer un budget et un plan financier peut également vous aider à gérer efficacement vos dettes. Un budget vous permet de suivre vos revenus et vos dépenses, d'identifier les domaines dans lesquels vous pouvez faire des économies et d'allouer des fonds supplémentaires au remboursement de vos dettes. Le respect constant d'un budget et le fait d'effectuer des paiements réguliers pour vos dettes peuvent accélérer le processus de remboursement et améliorer votre stabilité financière.

Si vous avez du mal à gérer vos dettes par vous-même, envisagez de demander l'aide d'un conseiller financier ou d'un conseiller en crédit. Ces professionnels peuvent vous aider à élaborer un plan de gestion de la dette, à négocier avec les créanciers et à vous conseiller sur les stratégies à adopter pour améliorer votre situation financière. Ils peuvent également vous conseiller sur la façon d'équilibrer le remboursement de vos dettes et l'épargne-retraite, en veillant à ce que vous continuiez à progresser vers ces deux objectifs.

En résumé, une mauvaise gestion de la dette avant la retraite peut avoir des conséquences importantes sur votre sécurité financière et votre qualité de vie. En réduisant vos dettes, en donnant la priorité aux obligations à taux d'intérêt élevé, en créant un budget et en demandant l'aide d'un professionnel si nécessaire, vous pouvez améliorer votre stabilité financière et aborder votre retraite avec des bases plus solides. Une gestion efficace de la dette vous permet d'allouer davantage de ressources à l'épargne, de réduire le stress financier et d'améliorer votre expérience globale de la retraite.

Ne pas comprendre les options de versement des pensions

Ne pas comprendre les différentes options de versement de votre pension peut avoir des répercussions importantes sur votre sécurité de retraite et votre bien-être financier. Les pensions sont conçues pour fournir un flux de revenus stable pendant la retraite, mais la façon dont vous choisissez de recevoir ces prestations peut avoir des répercussions à long terme sur votre stabilité financière et votre qualité de vie. Sans une compréhension claire des différentes options de versement disponibles, vous risquez de prendre des décisions qui pourraient limiter vos revenus, réduire votre flexibilité ou affecter votre capacité à atteindre vos objectifs de retraite.

À l'approche de la retraite, les régimes de retraite proposent généralement plusieurs options de versement, chacune avec des caractéristiques et des avantages différents. Les options courantes comprennent une rente viagère unique, une rente réversible et une distribution forfaitaire. Chaque option a ses propres avantages et inconvénients potentiels, et il est essentiel de comprendre ces différences pour prendre une décision éclairée.

Une rente viagère unique vous garantit un revenu mensuel tant que vous vivez, mais les versements cessent à votre décès. Cette option peut offrir une prestation mensuelle plus élevée que d'autres choix, car elle ne tient pas compte de la possibilité de fournir un revenu à un conjoint survivant ou à un bénéficiaire. Cependant, si vous vivez plus longtemps que prévu, vous pourriez survivre à vos versements de pension et vos héritiers ne bénéficieront d'aucun avantage résiduel. Cela peut constituer un risque important si vous avez des antécédents familiaux de longévité ou si vous vous inquiétez de subvenir aux besoins d'un conjoint survivant.

Une rente réversible prévoit des versements continus pour le reste de votre vie et continue de verser des prestations à un bénéficiaire désigné, comme votre conjoint, après votre décès. Cette option se traduit généralement par des versements mensuels moins élevés qu'une rente viagère unique, car elle permet de verser des prestations pendant deux vies. En choisissant cette option, vous pouvez avoir l'esprit tranquille en sachant que votre conjoint continuera de recevoir un revenu si vous décédez en premier. Cependant, les versements mensuels réduits pourraient ne pas répondre entièrement à vos besoins financiers si vous dépassez votre espérance de vie.

Une distribution forfaitaire vous permet de recevoir la valeur totale de votre pension en un seul versement. Cette option offre une certaine souplesse, car vous pouvez utiliser les fonds comme bon vous semble, les investir ou les transférer dans un autre compte de retraite. Bien qu'une distribution forfaitaire vous donne le contrôle de votre argent, elle comporte également des risques. Sans une gestion appropriée, vous risquez d'épuiser votre épargne trop rapidement ou les fonds pourraient ne pas être suffisants pour couvrir toute votre retraite. De plus, la gestion d'une somme importante nécessite une planification et des stratégies d'investissement minutieuses pour garantir que les fonds dureront toute la durée de votre retraite.

Si vous ne comprenez pas ces options de versement, vous risquez de choisir un régime qui ne correspond pas à vos objectifs de retraite ou à vos besoins financiers. Par exemple, si vous choisissez une rente viagère unique alors que votre conjoint dépend de votre revenu, votre conjoint risque de ne pas bénéficier d'un soutien financier adéquat après votre décès. À l'inverse, si vous choisissez une rente réversible sans tenir compte de l'impact sur vos besoins financiers actuels, vous risquez de recevoir des versements mensuels moins élevés qui ne couvriront pas vos frais de subsistance.

Il est essentiel d'évaluer soigneusement votre situation personnelle, notamment votre santé, votre situation familiale, vos objectifs financiers et vos plans de retraite, avant de décider d'une option de versement de votre rente. Tenez compte de facteurs tels que votre espérance de vie, le besoin de pension alimentaire pour votre conjoint et votre aisance à gérer un paiement forfaitaire. De plus, réfléchissez à la manière dont chaque option s'inscrit dans votre stratégie de retraite globale et à son impact sur votre sécurité financière à long terme.

Il peut être utile de demander conseil à un professionnel de la finance pour prendre des décisions concernant les options de versement de la retraite. Un conseiller financier peut vous aider à évaluer vos besoins, à comparer les différentes options de versement et à déterminer la meilleure option pour votre situation particulière. Il peut vous conseiller sur la façon d'intégrer le revenu de retraite à d'autres épargnes et placements de retraite, en veillant à ce que vous disposiez d'un plan complet qui réponde à vos objectifs financiers.

En conclusion, ne pas comprendre les options de versement de votre pension peut avoir des conséquences importantes sur votre sécurité à la retraite et votre bien-être financier. En évaluant soigneusement les options disponibles, en tenant compte de votre situation personnelle et de vos objectifs de retraite, et en demandant conseil à un professionnel si nécessaire, vous pouvez prendre des décisions éclairées qui correspondent à vos besoins et vous assurer un revenu stable tout au long de votre retraite. Une gestion adéquate de vos versements de pension est essentielle pour garantir votre stabilité financière et une retraite confortable et sûre.

Mauvaise répartition des investissements à la retraite

Une mauvaise répartition des investissements à la retraite peut avoir de graves répercussions sur votre stabilité financière et entraver votre capacité à atteindre vos objectifs à long terme. La répartition des investissements consiste à répartir vos actifs entre différents types de placements, tels que les actions, les obligations et les liquidités, afin d'équilibrer le risque et le rendement. À la retraite, les enjeux sont particulièrement élevés, car vous comptez sur ces placements pour financer vos dépenses courantes et maintenir votre qualité de vie pendant plusieurs décennies. Les faux pas dans ce domaine peuvent entraîner une croissance inadéquate, un risque excessif ou une liquidité insuffisante, qui peuvent tous mettre en péril la sécurité de votre retraite.

L'une des erreurs les plus courantes consiste à maintenir une stratégie de placement trop agressive. De nombreux retraités, poussés par le désir d'obtenir des rendements plus élevés, continuent d'investir massivement dans des actions ou d'autres actifs à haut risque. Bien que cette approche puisse offrir un potentiel de croissance substantiel, elle expose également votre portefeuille à une volatilité importante et au risque de pertes substantielles. En cas de baisse des marchés, un portefeuille fortement axé sur les actions peut subir des baisses considérables, réduisant ainsi votre épargne-retraite et mettant potentiellement en péril votre stabilité financière. Il est essentiel d'ajuster votre répartition d'actifs pour refléter une tolérance au risque plus faible à l'approche ou au début de la retraite.

À l'inverse, il est également risqué d'être trop conservateur dans ses placements. Les retraités qui transfèrent l'intégralité de leur portefeuille vers des placements à faible risque, comme des liquidités ou des obligations à court terme, peuvent se protéger de la volatilité des marchés, mais risquent de passer à côté d'opportunités de croissance. L'inflation peut éroder le pouvoir d'achat des liquidités et des placements à faible rendement, ce qui signifie que votre épargne risque de ne pas croître suffisamment pour faire face à la hausse du coût de la vie. Une croissance insuffisante peut entraîner un manque de fonds, surtout si vous vivez plus longtemps que prévu ou si vous faites face à des dépenses imprévues.

Une mauvaise répartition des investissements peut également se traduire par une mauvaise diversification de vos investissements. La diversification consiste à répartir vos investissements sur différentes classes d'actifs, secteurs et régions géographiques afin de réduire les risques. Le fait de vous fier trop fortement à un seul type d'investissement, à un seul secteur ou à une seule région géographique peut accroître votre vulnérabilité aux fluctuations du marché. Par exemple, si vos investissements sont concentrés dans un secteur spécifique qui connaît un ralentissement, l'ensemble de votre portefeuille peut en souffrir. Un portefeuille bien diversifié permet d'atténuer les risques et offre un rendement plus stable au fil du temps.

Un autre problème est de ne pas rééquilibrer régulièrement votre portefeuille. Au fil du temps, les différents investissements affichent des performances différentes et la répartition initiale des actifs peut devenir biaisée. Par exemple, si les actions se comportent bien et que les obligations ne le font pas, votre portefeuille peut devenir surpondéré en actions. Un rééquilibrage régulier garantit que votre portefeuille reste aligné sur votre tolérance au risque et vos objectifs de placement. Cette pratique consiste à ajuster vos avoirs pour maintenir la répartition d'actifs souhaitée, ce qui permet de gérer le risque et d'optimiser les rendements.

De plus, ne pas tenir compte de l'impact des distributions minimales requises (RMD) peut également affecter votre stratégie d'investissement. Dans de nombreux pays, les retraités sont tenus de commencer à retirer un certain pourcentage de leur épargne-retraite lorsqu'ils atteignent un âge spécifique. Cette exigence peut affecter vos décisions d'investissement, car vous devez vous assurer que votre portefeuille dispose de suffisamment de liquidités pour faire face à ces retraits sans compromettre la croissance. Une planification appropriée implique de structurer vos investissements de manière à fournir un flux de trésorerie adéquat tout en réalisant une croissance.

Pour éviter ces pièges, il est essentiel d'élaborer une stratégie de placement bien pensée, adaptée à vos objectifs de retraite, à votre tolérance au risque et à votre horizon de placement. Commencez par évaluer votre situation financière, notamment vos dépenses de retraite, vos sources de revenus et vos objectifs financiers globaux. Sur la base de cette évaluation, créez un plan de répartition de l'actif qui équilibre le risque et le rendement d'une manière adaptée à vos besoins. Ce plan doit tenir compte de facteurs tels que votre espérance de vie, votre horizon de placement et votre tolérance au risque personnelle.

Il est essentiel de revoir et d'ajuster régulièrement votre stratégie de placement pour maintenir votre stabilité financière tout au long de votre retraite. Surveillez le rendement de votre portefeuille, évaluez si votre répartition d'actifs demeure appropriée et apportez les ajustements nécessaires. Des révisions périodiques garantissent que vos placements continuent de correspondre à vos objectifs et s'adaptent aux conditions changeantes du marché ou à votre situation personnelle.

Consulter un conseiller financier peut vous apporter un soutien supplémentaire dans la gestion de votre répartition de placements. Les conseillers peuvent vous offrir leur expertise dans la création d'une stratégie de placement diversifiée, la sélection d'actifs appropriés et la mise en œuvre d'un plan de rééquilibrage. Ils peuvent également vous aider à prendre des décisions complexes liées à la planification de la retraite et à la gestion des placements.

En résumé, une mauvaise répartition des investissements à la retraite peut compromettre votre stabilité financière et nuire à votre capacité à atteindre vos objectifs de retraite. En adoptant une approche équilibrée entre le risque et le rendement, en diversifiant vos placements, en rééquilibrant régulièrement votre portefeuille et en tenant compte de facteurs tels que les distributions minimales requises, vous pouvez améliorer votre sécurité financière. Une gestion efficace des placements est essentielle pour assurer une retraite stable et sûre, vous permettant de profiter de vos vieux jours en toute confiance et tranquillité d'esprit.

Négliger de planifier les prestations de conjoint et de survivant

Le fait de ne pas planifier les prestations de conjoint et de survivant peut avoir des conséquences importantes pour vous et vos proches à la retraite. Ces prestations sont conçues pour fournir un soutien financier à un conjoint ou à une personne à charge après votre décès. Si vous ne les planifiez pas adéquatement, votre famille peut se retrouver dans une position vulnérable. Une planification adéquate garantit que vous et votre conjoint pourrez profiter d'une sécurité financière tout au long de votre retraite et que vos proches seront bien soutenus en cas de décès.

Les prestations de conjoint sont un élément essentiel de la planification de la retraite, en particulier si l'un des conjoints a un revenu ou une épargne-retraite nettement plus élevés que l'autre. Dans de nombreux régimes de retraite et comptes de retraite, le conjoint survivant a droit à une partie des prestations du défunt. Sans une planification adéquate, le conjoint survivant risque d'être confronté à des difficultés financières en raison de prestations inadéquates ou d'une épargne insuffisante. Il est essentiel de comprendre les détails du fonctionnement de ces prestations, notamment le pourcentage des prestations qui continueront à être versées et toute réduction éventuelle.

Les prestations de survivant sont tout aussi importantes et impliquent souvent des considérations telles que les polices d'assurance-vie, les régimes de retraite et d'autres actifs financiers. L'assurance-vie peut fournir une somme forfaitaire ou des paiements continus à vos bénéficiaires, contribuant ainsi à couvrir les frais de subsistance, les dettes ou d'autres besoins financiers après votre décès. Si vous ne disposez pas d'une assurance-vie adéquate ou ne désignez pas de bénéficiaires appropriés, vos proches peuvent se retrouver sans les ressources financières dont ils ont besoin pour maintenir leur niveau de vie.

Un autre aspect essentiel est la planification de la manière dont les prestations de survivant sont intégrées aux autres sources de revenu de retraite. Par exemple, si vous ou votre conjoint disposez de plusieurs sources de revenu de retraite, notamment la sécurité sociale, les pensions ou les placements, il est essentiel de comprendre comment celles-ci seront affectées par le décès de l'un des partenaires. Certaines prestations, comme les rentes de survivant, peuvent réduire le montant versé si une autre source de revenu continue de provenir. La planification de ces interactions permet de garantir que votre revenu de retraite global reste stable et suffisant pour vous et votre conjoint.

Il est également important de tenir compte de l'impact de vos choix sur la sécurité de retraite de votre conjoint. Par exemple, si vous choisissez une rente viagère unique ou une autre option qui ne prévoit pas de prestations de survivant, votre conjoint pourrait se retrouver sans soutien financier adéquat après votre décès. À l'inverse, opter pour une rente réversible ou un régime similaire peut assurer un revenu continu à votre conjoint, mais cela peut réduire le montant du revenu que vous recevrez au cours de votre vie. Pour trouver un équilibre entre ces considérations, il faut évaluer vos besoins financiers actuels, les besoins futurs de votre conjoint et vos objectifs de retraite globaux.

Pour aborder ces questions de manière efficace, commencez par examiner les avantages et les options offerts par vos régimes de retraite, vos polices d'assurance-vie et vos autres actifs financiers. Assurez-vous de bien comprendre les modalités, notamment la façon dont les prestations sont calculées, les options de prestations de survivant et les implications de vos choix. Assurez-vous de mettre à jour les désignations de bénéficiaires et de vérifier l'adéquation de votre couverture d'assurance-vie à vos besoins et à votre situation actuels.

Il est également essentiel de créer un plan successoral complet qui comprend des dispositions relatives aux prestations de conjoint et de survivant. Un plan successoral doit aborder la manière dont vos biens seront répartis, la gestion des dettes et la manière dont vos proches seront soutenus après votre décès. Consulter un avocat spécialisé en planification successorale peut vous aider à élaborer un plan qui répond à vos besoins et garantit que vos souhaits seront respectés efficacement.

Il est essentiel de revoir et de mettre à jour régulièrement vos plans de retraite et de succession à mesure que votre situation évolue. Les événements de la vie tels qu'un mariage, un divorce, la naissance d'enfants ou un changement de situation financière peuvent tous avoir une incidence sur vos besoins de planification. Des mises à jour régulières garantissent que vos plans restent alignés avec votre situation actuelle et continuent de fournir le soutien nécessaire à votre conjoint et à vos proches.

En résumé, le fait de négliger de planifier les prestations de conjoint et de survivant peut avoir de graves conséquences sur votre sécurité financière et celle de vos proches. En comprenant vos options de prestations, en les intégrant à d'autres sources de revenu de retraite et en créant un plan successoral complet, vous pouvez vous assurer que vous et votre conjoint êtes bien préparés pour la retraite. Une planification adéquate contribue à assurer la stabilité financière, la tranquillité d'esprit et un avenir sûr pour votre famille, vous permettant ainsi de profiter de votre retraite en toute confiance.

Méconnaître l'importance de la planification successorale

Une mauvaise évaluation de l'importance de la planification successorale est une erreur grave qui peut avoir des conséquences importantes sur votre héritage financier et le bien-être de vos proches. La planification successorale implique de prendre des décisions sur la façon dont vos biens seront répartis, sur la personne qui gérera vos affaires et sur la façon dont vos souhaits seront respectés après votre décès. Une mauvaise planification de votre succession peut entraîner des complications, des impôts inutiles et des litiges juridiques, ce qui compromettra en fin de compte vos objectifs et causera de la détresse à votre famille. Il est essentiel de comprendre et de mettre en œuvre un plan successoral complet pour garantir que vos biens seront gérés conformément à vos souhaits et que vos proches seront pris en charge comme vous le souhaitez.

L'une des principales raisons pour lesquelles la planification successorale est si importante est qu'elle permet de garantir que vos biens seront répartis selon vos souhaits. Sans plan successoral, vos biens seront répartis conformément aux lois sur les successions ab intestat de votre juridiction, qui peuvent ne pas correspondre à vos préférences personnelles. Cela pourrait entraîner la réception de vos biens par des bénéficiaires non prévus ou le partage de votre succession d'une manière qui ne reflète pas vos souhaits. La planification successorale vous permet de spécifier exactement comment vos biens doivent être répartis, y compris qui héritera d'articles, de propriétés ou de comptes financiers spécifiques.

La planification successorale joue également un rôle crucial dans la réduction des droits de succession et des autres coûts. Sans une planification adéquate, votre succession peut être soumise à des impôts importants à votre décès, ce qui peut réduire la valeur des actifs transmis à vos héritiers. Les outils de planification successorale tels que les fiducies, les stratégies de dons et les dons de bienfaisance peuvent contribuer à réduire le fardeau fiscal de votre succession. Par exemple, la création d'une fiducie peut vous permettre de transférer des actifs en dehors de votre succession imposable, ce qui peut réduire les droits de succession et offrir de meilleurs avantages financiers à vos bénéficiaires. Une planification successorale efficace implique de comprendre les implications fiscales de vos décisions et d'utiliser des stratégies pour minimiser ces coûts.

Un autre aspect important de la planification successorale consiste à s'assurer que vos souhaits concernant les soins médicaux et les décisions de fin de vie soient respectés. La planification successorale vous permet de créer des directives anticipées, comme un testament biologique ou une procuration relative aux soins de santé, qui précisent vos préférences en matière de traitement médical si vous devenez inapte. Ces documents peuvent fournir des conseils à votre famille et aux professionnels de la santé, garantissant que vos souhaits seront respectés et évitant d'éventuels conflits ou confusions concernant vos soins. Sans ces documents, votre famille peut être obligée de prendre des décisions difficiles sans directives claires, ce qui peut entraîner un stress émotionnel et des conflits potentiels.

En plus de traiter de la répartition des biens et des soins médicaux, la planification successorale implique de sélectionner les personnes qui géreront vos affaires et prendront des décisions en votre nom si vous n'êtes pas en mesure de le faire. Cela comprend la désignation d'un exécuteur testamentaire pour votre succession, qui sera chargé d'administrer vos biens et de veiller à ce que vos souhaits soient respectés. Cela implique également de désigner une procuration pour gérer les questions financières et juridiques et un mandataire pour les soins de santé pour prendre les décisions médicales. Il est essentiel de choisir soigneusement ces personnes et de s'assurer qu'elles connaissent leurs rôles et responsabilités pour un processus d'administration successorale fluide.

La planification successorale permet également de protéger vos proches et de subvenir à leurs besoins futurs. En créant un testament ou une fiducie, vous pouvez vous assurer que votre famille est financièrement assurée et que vos biens sont répartis de manière à favoriser son bien-être. Par exemple, vous pouvez établir une fiducie pour subvenir aux besoins de vos enfants mineurs ou de vos personnes à charge, en veillant à ce que leurs besoins soient satisfaits et qu'ils reçoivent un soutien jusqu'à ce qu'ils atteignent l'âge adulte. La planification successorale peut également inclure des dispositions pour les bénéficiaires ayant des besoins spéciaux, en veillant à ce qu'ils reçoivent des soins et un soutien appropriés sans compromettre leur admissibilité aux prestations gouvernementales.

L'absence de planification successorale peut entraîner des litiges coûteux et chronophages entre vos héritiers. Sans un plan successoral clair, des désaccords peuvent survenir au sujet de la répartition de vos biens, ce qui peut entraîner des conflits et des litiges potentiels. La planification successorale apporte de la clarté et réduit le risque de litiges en décrivant clairement vos intentions et en fournissant un cadre pour résoudre tout problème potentiel. Cela peut contribuer à préserver l'harmonie familiale et à garantir que votre succession soit administrée efficacement et conformément à vos souhaits.

De plus, la planification successorale n'est pas un événement ponctuel, mais un processus continu qui nécessite une révision et des mises à jour régulières. Des changements dans votre situation personnelle, comme un mariage, un divorce, la naissance d'enfants ou des changements financiers importants, peuvent avoir une incidence sur votre plan successoral et nécessiter des mises à jour. La révision et la mise à jour régulières de votre plan successoral garantissent qu'il reste conforme à votre situation actuelle et continue de refléter vos souhaits avec précision.

Pour commencer à planifier votre succession, commencez par évaluer vos actifs et vos passifs et réfléchissez à la manière dont vous souhaitez qu'ils soient répartis. Consultez un avocat spécialisé en planification successorale pour vous aider à comprendre les différents outils et stratégies disponibles, tels que les testaments, les fiducies, les procurations et les directives anticipées. Un avocat peut vous aider à vous orienter dans les complexités juridiques de la planification successorale, à vous assurer que vos documents sont correctement rédigés et exécutés et à vous fournir des conseils sur la façon de minimiser les impôts et de protéger vos actifs.

En résumé, une mauvaise évaluation de l'importance de la planification successorale peut avoir de graves conséquences sur votre héritage financier et le bien-être de vos proches. En comprenant l'importance de la planification successorale et en mettant en œuvre un plan complet, vous pouvez vous assurer que vos actifs seront répartis selon vos souhaits, minimiser les implications fiscales et fournir des orientations claires pour les décisions médicales et financières. La planification successorale aide à protéger votre famille, à réduire les litiges juridiques et à garantir que votre héritage sera géré d'une manière qui reflète vos valeurs et vos objectifs. Prendre le temps de créer et de maintenir un plan successoral efficace est une étape essentielle pour assurer votre avenir financier et celui de vos proches.

Sous-estimer l'impact des coûts du logement

Sous-estimer l'impact des coûts de logement peut nuire considérablement à votre stabilité financière et à la planification de votre retraite. Les dépenses de logement, qui comprennent les paiements hypothécaires, les taxes foncières, l'entretien et les services publics, représentent souvent une part importante du budget d'un ménage. Pour les retraités, ces coûts peuvent être encore plus prononcés, affectant votre sécurité financière globale et votre qualité de vie. Il est essentiel d'évaluer et de planifier avec précision les coûts de logement pour vous assurer de disposer d'une base financière stable tout au long de votre retraite.

L'un des principaux problèmes liés à la sous-estimation des coûts de logement est qu'elle peut conduire à une vision irréaliste de vos besoins financiers à la retraite. De nombreuses personnes se concentrent sur leurs besoins et désirs immédiats, négligeant de considérer les implications à long terme des dépenses de logement. En conséquence, les retraités peuvent se retrouver avec des ressources insuffisantes pour couvrir leurs frais de subsistance, surtout si leurs dépenses de logement s'avèrent plus élevées que prévu.

Les paiements hypothécaires peuvent représenter un fardeau financier important, en particulier si vous prenez votre retraite avec un prêt hypothécaire impayé. Bien que de nombreuses personnes souhaitent rembourser leur prêt hypothécaire avant de prendre leur retraite, cet objectif n'est pas toujours atteint. Pour ceux qui continuent à avoir des dettes hypothécaires à la retraite, les paiements mensuels peuvent absorber une grande partie de leur revenu fixe. Si ces paiements sont plus élevés que prévu ou si les taux d'intérêt fluctuent, cela peut mettre à rude épreuve votre budget et réduire votre flexibilité financière.

Les taxes foncières sont un autre élément crucial à prendre en compte. Ces taxes peuvent varier considérablement en fonction de l'emplacement et de la valeur de votre propriété. À mesure que la valeur des propriétés augmente, les taxes foncières augmentent également, ce qui peut entraîner une augmentation des dépenses. Sous-estimer le potentiel d'augmentation des taxes foncières peut créer une pression financière, surtout si vos revenus de retraite ne s'ajustent pas proportionnellement pour couvrir ces coûts supplémentaires.

Les coûts d'entretien et de réparation de votre maison peuvent également être importants et sont souvent négligés dans la planification de la retraite. Les maisons nécessitent un entretien régulier, notamment des réparations, des rénovations et un entretien général, qui peuvent s'accumuler au fil du temps. Ces coûts peuvent être particulièrement lourds si vous possédez une maison ancienne ou si des problèmes inattendus surviennent. Ne pas tenir compte de ces dépenses peut entraîner des difficultés financières, car vous devrez peut-être puiser dans vos économies ou réduire d'autres postes de votre budget.

Les services publics et autres dépenses courantes liées à l'accession à la propriété, comme les assurances et les frais d'association de propriétaires, peuvent également avoir un impact significatif sur votre budget de retraite. Les coûts des services publics peuvent fluctuer en fonction de l'utilisation et des tarifs du marché, et les frais d'association de propriétaires peuvent varier en fonction des services fournis par l'association. Il est essentiel d'estimer précisément ces coûts et de les intégrer à votre plan de retraite pour éviter les surprises financières.

Un autre élément à prendre en compte est le besoin potentiel d'adaptation du logement à mesure que vous vieillissez. De nombreux retraités doivent tôt ou tard modifier leur mode de vie en raison de changements dans leur santé, leur mobilité ou leurs préférences en matière de style de vie. Cela peut signifier déménager dans une maison plus petite, déménager dans une autre région ou emménager dans une résidence pour retraités. Chacune de ces options comporte son propre ensemble de coûts, notamment les frais de déménagement, de nouvelles taxes foncières et des changements potentiels dans les besoins d'entretien. Sous-estimer ces besoins futurs en matière de logement peut avoir un impact sur vos plans financiers et la qualité de votre retraite.

Pour gérer et planifier efficacement vos dépenses de logement à la retraite, commencez par effectuer une évaluation approfondie de vos dépenses de logement actuelles et futures. Passez en revue vos paiements hypothécaires, vos impôts fonciers, vos assurances, vos frais d'entretien et vos frais de services publics pour déterminer une estimation réaliste de ce dont vous aurez besoin pour couvrir ces dépenses à la retraite. Tenez compte de facteurs tels que l'inflation et les changements potentiels de la valeur des propriétés qui pourraient avoir une incidence sur ces coûts.

Intégrez ces estimations à votre budget de retraite global et à votre plan financier. Assurez-vous de disposer de ressources suffisantes pour couvrir les frais de logement ainsi que d'autres besoins liés à la retraite, tels que les soins de santé, les déplacements et les frais de la vie quotidienne. L'élaboration d'un budget détaillé qui inclut toutes les dépenses potentielles liées au logement vous aidera à vous faire une idée plus précise de vos besoins financiers et à identifier tout déficit potentiel.

Si vous prévoyez que les frais de logement constitueront une préoccupation majeure à la retraite, examinez les options permettant de réduire ces dépenses. Cela peut consister à rembourser votre prêt hypothécaire avant la retraite, à envisager des options de logement moins coûteuses ou à planifier des ajustements futurs à votre mode de vie. De plus, la constitution d'un fonds d'urgence spécifiquement destiné aux dépenses liées au logement peut vous fournir un coussin financier et vous aider à gérer les coûts imprévus.

Il peut également être utile de consulter un conseiller financier pour aborder les coûts de logement dans le cadre de votre planification de retraite. Un conseiller peut vous aider à élaborer des stratégies pour gérer ces dépenses, à explorer des options pour optimiser votre situation de logement et à vous assurer que votre plan financier tient compte de tous les facteurs pertinents.

En résumé, sous-estimer l'impact des coûts de logement peut avoir des conséquences importantes sur votre planification de la retraite et votre stabilité financière. En évaluant et en planifiant avec précision les dépenses de logement, y compris les paiements hypothécaires, les taxes foncières, l'entretien et les services publics, vous pouvez élaborer un budget de retraite plus réaliste et éviter les difficultés financières. Une planification et une gestion adéquates des coûts de logement sont essentielles pour assurer une retraite stable et confortable, vous permettant de profiter de vos vieux jours sans stress financier inutile.

Ignorer les changements de style de vie à la retraite

Ignorer les changements de style de vie à la retraite peut avoir des effets profonds sur votre stabilité financière et votre bien-être général. La retraite n'est pas seulement une phase de la vie où le travail s'arrête ; c'est une transition qui entraîne souvent des changements importants dans les routines quotidiennes, les activités et les besoins financiers. Ne pas anticiper et planifier ces changements de style de vie peut entraîner un stress financier, de l'insatisfaction et une diminution de la qualité de vie. Il est essentiel de tenir compte des changements potentiels de style de vie pour garantir une retraite agréable et épanouissante.

L'un des changements de style de vie les plus notables à la retraite est le passage d'une routine de travail structurée à un horaire quotidien plus flexible. La perte d'un emploi régulier peut créer un vide qu'il faut combler par des activités et des loisirs utiles. Sans une planification adéquate, les retraités peuvent souffrir d'ennui, de perte de motivation ou d'isolement social, ce qui peut avoir un impact sur leur bien-être mental et émotionnel. Il est important de réfléchir à la façon dont vous passerez votre temps à la retraite et d'établir des activités et des liens sociaux qui procurent satisfaction et engagement.

Sur le plan financier, la retraite entraîne souvent des changements dans les habitudes de dépenses. Si certaines dépenses, comme les frais de déplacement ou les dépenses liées au travail, peuvent diminuer, d'autres peuvent augmenter. Par exemple, les retraités peuvent dépenser davantage pour les voyages, les loisirs ou les passe-temps. Les frais de santé, qui peuvent augmenter considérablement avec l'âge, doivent également être pris en compte. La planification de ces dépenses liées au mode de vie vous permet de disposer des ressources financières nécessaires pour soutenir le style de vie souhaité sans compromettre votre stabilité financière à long terme.

Les besoins en matière de soins de santé évoluent généralement à la retraite, ce qui nécessite une réflexion et une planification minutieuses. En vieillissant, vous pouvez être confronté à des dépenses médicales plus élevées, notamment des examens de routine, des médicaments sur ordonnance et des interventions médicales potentiellement plus importantes. Ignorer ces coûts potentiels peut entraîner des difficultés financières et des dépenses imprévues. La planification des coûts des soins de santé implique non seulement de comprendre la couverture offerte par l'assurance maladie ou les programmes gouvernementaux, mais également de prévoir un budget pour les dépenses personnelles et les besoins potentiels en soins de longue durée.

Un autre changement de style de vie important est la nécessité potentielle de déménager ou de vivre dans un logement plus petit. De nombreux retraités choisissent de déménager dans une nouvelle maison ou une zone géographique différente qui correspond mieux à leurs besoins ou préférences. Cela peut être dû au désir d'une maison plus facile à gérer, à la proximité de la famille ou à un climat propice au style de vie souhaité. Déménager ou vivre dans un logement plus petit implique divers coûts, notamment des frais de déménagement, des changements dans les taxes foncières et potentiellement de nouvelles responsabilités d'entretien. Une planification adéquate de ces changements permet de s'assurer que vous pouvez vous permettre la transition et vous adapter en douceur à une nouvelle situation de vie.

Les changements sociaux sont également un aspect courant de la retraite. Lorsque vous quittez le marché du travail, votre réseau social peut changer et vous devrez peut-être trouver de nouvelles façons de maintenir et de renforcer vos liens sociaux. Établir de nouvelles amitiés, adhérer à des clubs ou à des organisations et participer à des activités communautaires peuvent aider à prévenir le sentiment d'isolement et contribuer à une retraite épanouissante. Ignorer les aspects sociaux de la retraite peut conduire à la solitude et à une qualité de vie réduite.

La retraite peut également entraîner des changements dans la dynamique familiale. Vous pourriez vous retrouver à assumer de nouveaux rôles, comme prendre soin de parents âgés ou de vos enfants adultes. Ces responsabilités peuvent avoir un impact sur votre temps, votre énergie et vos finances. Pour planifier ces changements potentiels, vous devez comprendre comment ils pourraient affecter vos plans de retraite et apporter les ajustements nécessaires à votre budget et à votre emploi du temps.

Pour gérer efficacement les changements de style de vie à la retraite, commencez par imaginer votre retraite idéale et identifiez les activités et les expériences qui sont importantes pour vous. Réfléchissez à la façon dont vous souhaitez passer votre temps, à l'endroit où vous aimeriez vivre et aux liens sociaux que vous souhaitez entretenir ou développer. Élaborez un plan de retraite complet qui inclut non seulement les aspects financiers, mais aussi les considérations relatives au style de vie.

Créez un budget détaillé qui reflète vos dépenses de retraite prévues, y compris tout changement dans vos habitudes de dépenses liées à de nouvelles activités, à vos besoins en matière de soins de santé et aux éventuels frais de déménagement. Tenez compte des augmentations potentielles des frais de subsistance et assurez-vous de disposer des ressources financières suffisantes pour soutenir le style de vie que vous souhaitez.

De plus, réfléchissez à la façon dont vous allez gérer votre temps et rester engagé. Prévoyez des loisirs, du bénévolat ou d'autres activités qui vous procurent un sentiment de satisfaction et de motivation. Explorez des moyens de rester connecté socialement et impliqué dans votre communauté pour maintenir un réseau social solide.

Consulter un conseiller financier peut également vous apporter un soutien précieux pour faire face aux changements de style de vie. Un conseiller peut vous aider à évaluer votre préparation financière à la retraite, à planifier les dépenses liées à votre style de vie et à ajuster votre stratégie de retraite selon vos besoins. Il peut également vous fournir des conseils sur la gestion des coûts des soins de santé et la préparation aux changements potentiels dans votre situation de vie.

En résumé, ignorer les changements de style de vie à la retraite peut entraîner des difficultés financières, de l'insatisfaction et une diminution de la qualité de vie. En anticipant et en planifiant ces changements, notamment les changements dans les routines quotidiennes, les habitudes de dépenses, les besoins en matière de soins de santé et les relations sociales, vous pouvez créer un plan de retraite plus complet et plus épanouissant. En tenant compte de ces aspects, vous vous assurez de profiter d'une retraite stable et satisfaisante, vous permettant de tirer le meilleur parti de cette nouvelle phase de la vie.

Ne pas planifier les distributions minimales requises

Le fait de ne pas planifier les distributions minimales requises (RMD) peut entraîner des conséquences fiscales imprévues et des inefficacités financières, en particulier si vous disposez d'une épargne-retraite importante dans des comptes à impôt différé tels que des régimes de retraite ou des plans d'épargne-retraite. Les RMD sont les montants minimaux qui doivent être retirés de certains types de comptes de retraite une fois que vous avez atteint un âge précis. Une mauvaise gestion de ces retraits peut entraîner des obligations fiscales inutiles et une flexibilité financière réduite pendant la retraite.

L'obligation de retraits mensuels commence généralement lorsque vous atteignez un certain âge, qui peut varier en fonction des réglementations spécifiques du pays. Dans de nombreux pays, l'âge auquel les retraits mensuels doivent commencer est de 70 ou 72 ans, mais cela peut varier en fonction des lois locales. Le fait de ne pas effectuer ces retraits comme prévu peut entraîner de lourdes pénalités, qui représentent souvent un pourcentage du montant qui aurait dû être retiré. Ces pénalités peuvent réduire considérablement votre épargne-retraite et créer une pression financière supplémentaire.

L'une des principales conséquences de l'absence de planification des retraits mensuels de dividendes est le risque de devoir assumer des obligations fiscales imprévues. Les retraits mensuels de dividendes sont généralement considérés comme des revenus imposables et le montant retiré doit être inclus dans votre revenu annuel à des fins fiscales. Si vous n'êtes pas préparé à ces retraits, vous pourriez devoir payer des impôts plus élevés que prévu, ce qui peut affecter votre stratégie financière globale. Une planification adéquate consiste à estimer l'impact des retraits mensuels de dividendes sur votre situation fiscale et à ajuster vos retraits et autres décisions financières en conséquence.

Un autre problème lié à l'absence de planification des retraits mensuels admissibles est l'impact potentiel sur votre épargne-retraite à long terme. Si vous ne gérez pas vos retraits mensuels admissibles de manière efficace, vous risquez de retirer plus que nécessaire, ce qui peut réduire le solde de votre compte de retraite et diminuer le potentiel de croissance de vos investissements. À l'inverse, si vous ne retirez pas suffisamment d'argent pour répondre aux exigences minimales, vous pourriez être confronté à des pénalités importantes et à des charges fiscales supplémentaires. Il est essentiel d'équilibrer ces retraits pour assurer le respect des réglementations tout en préservant votre épargne-retraite afin de maintenir la stabilité financière à long terme.

De plus, une planification inadéquate des RMD peut avoir une incidence sur votre stratégie globale de revenu de retraite. Les RMD peuvent influencer vos besoins de trésorerie et avoir un impact sur la façon dont vous répartissez vos investissements. Par exemple, si vous devez retirer davantage de fonds pour répondre aux exigences de RMD, vous pourriez être obligé de vendre des investissements à un moment inopportun, ce qui pourrait entraîner une baisse des rendements ou des impôts sur les gains en capital. Une planification minutieuse vous permet d'aligner vos RMD sur votre stratégie globale de placement et de minimiser l'impact sur votre portefeuille.

Pour éviter ces problèmes, il est essentiel de comprendre les règles et exigences relatives aux retraits mensuels (RMD) spécifiques à votre pays. Commencez par déterminer l'âge auquel les retraits mensuels (RMD) doivent commencer et calculez les montants minimums requis en fonction du solde de votre compte de retraite. De nombreuses institutions financières proposent des calculateurs ou des feuilles de calcul RMD qui peuvent vous aider à estimer les montants que vous devez retirer.

Intégrez la planification des retraits mensuels minimums (RMD) à votre stratégie de retraite globale en tenant compte de l'impact de ces distributions sur votre situation fiscale et vos objectifs financiers.

Examinez régulièrement vos comptes de retraite pour vous assurer que vous respectez les exigences en matière de RMD et ajustez vos retraits au besoin pour rester en conformité. En outre, envisagez de travailler avec un conseiller financier ou un fiscaliste qui peut vous conseiller sur la gestion des RMD et l'optimisation de votre stratégie de revenu de retraite.

Explorez les options permettant de minimiser l'impact fiscal des RMD. Par exemple, vous pouvez envisager des stratégies telles que des retraits fiscalement avantageux, des dons de bienfaisance ou l'utilisation de comptes à impôt différé pour gérer votre revenu imposable. Certains pays offrent des avantages fiscaux pour les dons de bienfaisance effectués directement à partir de comptes de retraite, ce qui peut vous aider à réduire votre revenu imposable et à satisfaire simultanément à vos exigences en matière de RMD.

En résumé, ne pas planifier les distributions minimales requises peut entraîner des obligations fiscales inattendues, une réduction de l'épargne-retraite et des inefficacités financières. En comprenant les règles de RMD, en calculant les montants requis et en intégrant la planification de RMD dans votre stratégie de retraite globale, vous pouvez gérer ces distributions efficacement et maintenir une stabilité financière à long terme. Une planification appropriée vous permet de répondre aux exigences réglementaires, d'optimiser votre situation fiscale et de préserver votre épargne-retraite pour une retraite sûre et épanouissante.

Ne pas se fixer d'objectifs de retraite clairs

Ne pas fixer d'objectifs de retraite clairs peut entraîner de l'incertitude, des occasions manquées et un manque d'orientation dans votre planification de la retraite. Des objectifs clairs fournissent une feuille de route pour prendre des décisions financières éclairées, orienter vos stratégies d'épargne et vous aider à atteindre une retraite épanouissante et sûre. Sans objectifs bien définis, vous risquez de ne pas rester sur la bonne voie, de connaître des difficultés financières ou de ne pas tirer le meilleur parti de vos années de retraite.

L'une des principales raisons pour lesquelles il est important de se fixer des objectifs de retraite clairs est de définir une vision concrète de ce que vous souhaitez accomplir à la retraite. Cela comprend la définition du style de vie souhaité, des conditions de vie, des activités et des besoins financiers. Sans une vision claire, vous pourriez avoir du mal à élaborer un plan de retraite complet qui corresponde à vos attentes et à vos aspirations. La définition d'objectifs précis vous permet de prioriser votre épargne, d'allouer efficacement vos ressources et de faire des choix éclairés sur la façon de passer vos années de retraite.

Des objectifs de retraite clairs vous aident également à déterminer le montant que vous devez épargner et investir pour atteindre le style de vie que vous souhaitez à la retraite. En identifiant vos besoins et objectifs financiers, vous pouvez estimer le montant d'épargne nécessaire pour soutenir vos projets. Cela implique de calculer vos dépenses prévues, telles que le logement, les soins de santé, les voyages et les activités de loisirs, et de déterminer le montant que vous devez épargner pour couvrir ces coûts. Sans objectifs clairs, vous risquez soit d'épargner trop, ce qui entraînera des sacrifices inutiles dans votre style de vie actuel, soit d'épargner trop peu, ce qui vous exposera à une insécurité financière à la retraite.

De plus, le fait d'avoir des objectifs de retraite précis vous permet de créer un plan d'épargne structuré et réalisable. Les objectifs vous motivent et vous donnent un but, ce qui vous permet de rester plus facilement engagé dans votre stratégie d'épargne. Ils vous aident à fixer des jalons et à suivre vos progrès, ce qui vous permet de faire les ajustements nécessaires et de rester sur la bonne voie. Sans objectifs clairs, il peut être difficile de maintenir la discipline et la concentration, ce qui entraîne des incohérences dans vos efforts d'épargne et des retards potentiels dans l'atteinte de vos objectifs de retraite.

Définir des objectifs clairs permet également d'évaluer et de sélectionner les stratégies d'investissement appropriées. Différents objectifs de retraite peuvent nécessiter différentes approches d'investissement. Par exemple, si votre objectif est de prendre une retraite anticipée, vous devrez peut-être adopter une stratégie d'investissement plus agressive pour accumuler les fonds nécessaires. À l'inverse, si votre objectif est de prendre une retraite plus tardive et de profiter d'un style de vie plus conservateur, une approche d'investissement différente peut être plus adaptée. Des objectifs clairs fournissent le cadre pour prendre ces décisions stratégiques et garantir que vos investissements correspondent à vos plans de retraite.

De plus, des objectifs de retraite bien définis facilitent la prise de décisions éclairées en matière de choix de style de vie et de priorités financières. Par exemple, si votre objectif est de voyager beaucoup pendant votre retraite, vous devrez peut-être prévoir un budget plus important pour les frais de déplacement et ajuster vos autres priorités de dépenses. À l'inverse, si votre objectif est de réduire la taille de votre maison et de réduire vos frais de subsistance, vous pouvez planifier les coûts et les avantages associés. Des objectifs clairs vous aident à faire des choix éclairés et à vous assurer que vos plans de retraite sont réalistes et réalisables.

Ne pas fixer d'objectifs de retraite clairs peut également vous faire rater des occasions d'optimiser votre épargne-retraite et vos stratégies d'investissement. Les objectifs vous aident à identifier et à tirer parti d'opportunités telles que les comptes de placement fiscalement avantageux, les régimes de retraite d'employeur et d'autres instruments financiers. Sans objectifs précis, vous risquez de négliger ces opportunités ou de ne pas les exploiter efficacement, ce qui pourrait avoir un impact sur votre sécurité financière à long terme.

Pour définir des objectifs de retraite clairs, commencez par envisager votre retraite idéale et identifiez ce que vous souhaitez réaliser. Tenez compte de facteurs tels que le style de vie que vous souhaitez, vos conditions de vie, vos projets de voyage et d'autres activités qui sont importantes pour vous. Évaluez vos besoins financiers et estimez les coûts associés à vos objectifs. Élaborez un plan d'épargne et d'investissement qui correspond à vos objectifs et fournit une feuille de route pour atteindre les résultats souhaités à la retraite.

Révisez et mettez à jour régulièrement vos objectifs de retraite en fonction des changements de votre situation, de vos priorités et de votre situation financière. Les événements de la vie comme le mariage, le divorce, la naissance d'enfants ou les changements de santé peuvent avoir une incidence sur vos objectifs et nécessiter des ajustements à votre plan de retraite. En restant flexible et en adaptant vos objectifs selon vos besoins, vous pouvez vous assurer que vos plans de retraite restent pertinents et réalisables.

Consulter un conseiller financier peut également vous apporter un soutien précieux pour fixer et atteindre vos objectifs de retraite. Un conseiller peut vous aider à évaluer votre situation financière, à définir vos objectifs et à élaborer un plan complet pour les atteindre. Il peut vous conseiller sur les stratégies de placement, les plans d'épargne et d'autres aspects de la planification de la retraite, vous aidant ainsi à prendre des décisions éclairées et à rester sur la bonne voie.

En résumé, ne pas fixer d'objectifs de retraite clairs peut entraîner de l'incertitude, des occasions manquées et des difficultés financières. En définissant vos objectifs et en créant un plan structuré pour les atteindre, vous pouvez vous assurer que votre retraite sera épanouissante et sûre. Des objectifs clairs fournissent une orientation, une motivation et un cadre pour prendre des décisions financières éclairées, vous aidant à optimiser votre épargne, vos investissements et vos choix de vie. Prendre le temps de définir et de revoir vos objectifs de retraite est essentiel pour réussir et profiter de votre retraite.

Négliger la valeur de l'apprentissage continu

Négliger l'importance de l'apprentissage continu peut avoir des conséquences importantes sur votre retraite et votre bien-être général. L'apprentissage continu, c'est-à-dire le processus consistant à développer constamment de nouvelles compétences, à acquérir des connaissances et à rester intellectuellement engagé, peut grandement améliorer votre qualité de vie, en particulier pendant la retraite. Ignorer cet aspect du développement personnel peut vous faire manquer des occasions de croissance, nuire à votre santé mentale et réduire votre satisfaction pendant vos années de retraite.

L'un des principaux avantages de l'apprentissage continu est son impact positif sur la santé mentale et les fonctions cognitives. S'engager dans l'apprentissage tout au long de la vie permet de garder l'esprit actif et vif, ce qui est crucial à mesure que l'on vieillit. Des études ont montré que la stimulation mentale par des activités d'apprentissage peut aider à retarder le déclin cognitif et à réduire le risque de développer des maladies telles que la démence et la maladie d'Alzheimer. En stimulant continuellement votre cerveau avec de nouvelles informations et compétences, vous pouvez maintenir la vitalité cognitive et soutenir la santé cérébrale globale tout au long de la retraite.

L'apprentissage continu contribue également à la croissance personnelle et à l'épanouissement personnel. La retraite offre souvent l'occasion d'explorer de nouveaux intérêts et passions qui n'étaient pas réalisables pendant vos années de travail. Qu'il s'agisse d'apprendre une nouvelle langue, d'apprendre un instrument de musique ou de vous lancer dans un nouveau passe-temps, s'engager dans ces activités peut procurer un sentiment d'accomplissement et de joie. La poursuite de nouveaux intérêts peut également offrir un sentiment de but et de satisfaction, qui sont importants pour maintenir une attitude positive et un bien-être général.

De plus, l'apprentissage continu peut améliorer vos interactions et relations sociales. De nombreuses possibilités d'apprentissage, comme les cours, les ateliers ou les activités de groupe, impliquent une interaction sociale et une collaboration avec d'autres. Ces expériences peuvent vous aider à nouer de nouvelles amitiés, à renforcer les relations existantes et à rester engagé socialement. Les liens sociaux sont essentiels pour le soutien émotionnel et la réduction du sentiment d'isolement, ce qui peut être particulièrement important à la retraite, lorsque les cercles sociaux peuvent changer.

En plus des avantages personnels, l'apprentissage continu peut également avoir des avantages pratiques. L'acquisition de nouvelles compétences et connaissances peut ouvrir la voie à de nouvelles opportunités, qu'elles soient liées à un travail à temps partiel, à des activités bénévoles ou à des projets personnels. Par exemple, l'acquisition de nouvelles compétences technologiques peut vous permettre de contribuer à des initiatives communautaires ou de rechercher des opportunités de travail indépendant. En vous tenant au courant des nouveaux développements et des nouvelles tendances, vous pouvez rester adaptable et réactif aux changements, améliorant ainsi votre capacité à vous engager dans le monde qui vous entoure.

L'apprentissage continu vous aide également à rester curieux et engagé intellectuellement. Il favorise un sens de l'exploration et de la découverte, vous encourageant à rechercher de nouvelles expériences et perspectives. Cette curiosité intellectuelle peut conduire à une expérience de retraite plus riche et plus diversifiée, à mesure que vous continuez à vous mettre au défi et à élargir vos horizons. Adopter un état d'esprit d'apprentissage continu vous permet de rester actif et engagé, contribuant ainsi à une retraite plus épanouissante et dynamique.

Pour intégrer l'apprentissage continu à votre retraite, commencez par identifier les domaines d'intérêt ou les sujets que vous avez toujours voulu explorer. Envisagez de suivre des cours, d'assister à des ateliers ou de participer à des plateformes d'apprentissage en ligne qui correspondent à vos intérêts. De nombreux établissements d'enseignement et organismes communautaires proposent des programmes spécialement conçus pour les retraités, offrant des possibilités d'apprentissage et d'interaction sociale.

Fixez-vous des objectifs personnels d'apprentissage et de développement et élaborez un plan pour les atteindre. Cela peut consister à consacrer du temps chaque semaine à des activités d'apprentissage, à rejoindre des clubs ou des groupes liés à vos centres d'intérêt ou à poursuivre des études formelles. Évaluez régulièrement vos progrès et ajustez vos objectifs d'apprentissage si nécessaire pour rester motivé et engagé.

Recherchez également des ressources et des outils qui favorisent l'apprentissage tout au long de la vie. De nombreuses plateformes en ligne, bibliothèques et centres communautaires proposent une multitude de ressources et d'opportunités pédagogiques. Explorez ces ressources pour trouver des expériences d'apprentissage qui vous correspondent et qui contribuent à votre croissance personnelle.

En résumé, négliger la valeur de l'apprentissage continu peut limiter votre potentiel de croissance personnelle, de stimulation mentale et de satisfaction globale à la retraite. En adoptant un état d'esprit d'apprentissage continu, vous pouvez améliorer votre santé cognitive, explorer de nouveaux intérêts, établir des liens sociaux et rester engagé intellectuellement. L'intégration de l'apprentissage continu dans votre plan de retraite contribue à une expérience plus riche et plus épanouissante et favorise votre bien-être général pendant que vous traversez cette nouvelle phase de la vie.

S'appuyer trop sur l'héritage

Compter trop sur l'héritage comme élément principal de votre plan de retraite peut entraîner une incertitude financière importante et une déception potentielle. L'héritage, bien qu'il soit souvent un actif précieux, ne devrait pas être la pierre angulaire de votre stratégie de retraite. Se fier indûment à l'espoir de recevoir un héritage peut entraîner plusieurs risques et défis, mettant potentiellement en péril votre sécurité financière et votre expérience globale de la retraite.

L'un des principaux problèmes liés à la dépendance à l'égard de l'héritage est l'incertitude entourant sa réalisation. Le moment, le montant et les conditions d'un héritage peuvent être imprévisibles et soumis à divers facteurs indépendants de votre volonté. Par exemple, des changements dans la situation financière du donateur, des litiges juridiques ou des dépenses imprévues peuvent tous avoir un impact sur le montant et le moment de l'héritage. Cette incertitude peut créer une situation financière précaire si vous avez basé vos plans de retraite sur l'attente de recevoir ces fonds.

De plus, le fait de compter sur l'héritage peut vous amener à planifier vos propres besoins financiers de manière inadéquate. Si vous partez du principe qu'un héritage couvrira une part importante de vos dépenses de retraite, vous risquez de négliger d'épargner et d'investir adéquatement pendant vos années de travail. Cela peut se traduire par des ressources insuffisantes pour soutenir le style de vie que vous souhaitez, vous laissant vulnérable à des déficits financiers si l'héritage ne se matérialise pas comme prévu.

Un autre problème potentiel est que l'héritage ne réponde pas entièrement à vos besoins ou à vos attentes. Même si vous recevez un héritage, il peut ne pas être aussi important que prévu ou être assorti de conditions qui en limitent l'utilisation. Cela peut créer des difficultés financières et vous obliger à modifier vos plans de retraite ou votre style de vie d'une manière qui n'était pas prévue au départ.

Une dépendance excessive à l'égard de l'héritage peut également avoir un impact sur votre indépendance financière et votre prise de décision. Si vous comptez sur un héritage pour vous fournir une part importante de votre revenu de retraite, vous risquez de prendre des décisions financières moins prudentes ou plus risquées, en pensant que l'héritage couvrira tout manque à gagner. Cet état d'esprit peut conduire à de mauvais choix d'investissement, à des dépenses excessives ou à d'autres comportements financiers susceptibles de mettre en péril votre stabilité à long terme.

Pour atténuer ces risques, il est essentiel d'élaborer un plan de retraite complet qui ne repose pas uniquement sur l'attente d'un héritage. Concentrez-vous sur la construction de votre propre sécurité financière grâce à une épargne régulière, des investissements et une gestion financière prudente. Établissez une stratégie de retraite claire qui comprend la création d'un fonds d'urgence, la planification des frais de santé et la diversification de votre portefeuille de placements pour vous assurer d'être prêt à faire face à divers scénarios.

Envisagez de discuter de vos projets d'héritage avec votre famille et votre conseiller financier pour mieux comprendre à quoi vous attendre. Une communication ouverte sur les questions financières peut vous aider à gérer vos attentes et à planifier plus efficacement. De plus, travailler avec un conseiller financier peut vous fournir des informations et des stratégies précieuses pour gérer votre épargne-retraite et vous assurer d'être bien préparé pour l'avenir.

En résumé, compter trop sur l'héritage comme pierre angulaire de votre plan de retraite peut entraîner une instabilité financière et des déceptions. En vous concentrant sur la constitution de vos propres ressources financières et en élaborant une stratégie de retraite complète, vous pouvez réduire votre dépendance aux facteurs incertains et vous assurer une retraite plus sûre et plus épanouissante.

Méconnaissance du rôle des rentes

Une mauvaise compréhension du rôle des rentes peut conduire à prendre des décisions financières sous-optimales et à rater des occasions d'améliorer la sécurité de la retraite. Les rentes sont des produits financiers conçus pour fournir un flux de revenus régulier, souvent pour la retraite. Cependant, leur complexité et leur diversité peuvent les rendre difficiles à comprendre pleinement. Sans une compréhension claire, les particuliers peuvent soit négliger les avantages des rentes, soit en faire un usage abusif qui ne correspond pas à leurs objectifs financiers.

Les rentes se présentent sous plusieurs formes, notamment les rentes fixes, variables et immédiates, chacune ayant ses propres caractéristiques et avantages. Une rente fixe offre un rendement garanti et des versements de revenus réguliers pendant une période déterminée ou pour le reste de la vie du rentier. Une rente variable permet d'investir dans divers titres, les versements de revenus variant en fonction de la performance des placements sous-jacents. Une rente immédiate commence à verser des paiements presque immédiatement après l'investissement d'une somme forfaitaire, tandis qu'une rente différée commence à verser des paiements à une date ultérieure. Une mauvaise compréhension de ces types de rentes peut conduire à choisir une rente qui ne répond pas à vos besoins ou à vos attentes.

Une idée fausse courante au sujet des rentes est qu'elles constituent une solution universelle pour le revenu de retraite. En réalité, les rentes doivent être choisies en fonction des objectifs financiers de chacun, de sa tolérance au risque et de ses besoins de retraite. Par exemple, les rentes fixes peuvent fournir un revenu et une sécurité prévisibles, mais peuvent offrir des rendements inférieurs à ceux d'autres options de placement. En revanche, les rentes variables offrent un potentiel de rendement plus élevé, mais s'accompagnant d'un risque et d'une complexité de placement plus élevés. Une mauvaise compréhension de ces nuances peut conduire à choisir une rente qui n'offre pas l'équilibre souhaité entre risque et rendement.

Une autre idée fausse concerne les frais et charges associés aux rentes. Les rentes sont souvent assorties de divers frais, notamment des frais administratifs, des frais de mortalité et de dépenses et des frais de gestion de placement. Ces frais peuvent réduire le rendement global du placement et avoir une incidence sur le revenu net perçu. Le fait de ne pas reconnaître et de ne pas comptabiliser ces frais peut entraîner des coûts inattendus et une réduction des avantages financiers.

Certaines personnes peuvent également mal comprendre les contraintes de liquidité des rentes. Les rentes sont généralement conçues pour assurer la sécurité du revenu à long terme, et l'accès aux fonds avant la période de rente peut entraîner des pénalités ou une réduction des rendements. Si vous avez besoin d'accéder à une partie de votre épargne en cas d'urgence ou pour d'autres besoins, le recours excessif aux rentes peut limiter votre flexibilité financière. Il est important d'équilibrer l'utilisation des rentes avec d'autres placements liquides pour vous assurer d'avoir un accès adéquat aux fonds en cas de besoin.

De plus, le rôle des rentes dans la planification successorale est souvent mal compris. Bien que les rentes puissent fournir un revenu fiable, elles n'offrent pas toujours des avantages favorables en matière de planification successorale. Certaines rentes ne transmettent pas d'avantages aux héritiers, car les paiements cessent au décès du rentier, à moins que des dispositions spécifiques ne soient prises. Il est essentiel de comprendre comment les rentes s'intègrent dans votre plan successoral global pour garantir que vos actifs seront répartis selon vos souhaits.

Pour utiliser efficacement les rentes, commencez par bien comprendre leurs caractéristiques et la façon dont elles s'alignent sur vos objectifs financiers. Évaluez vos besoins de retraite, notamment vos besoins en revenus, votre tolérance au risque et vos besoins en liquidités, et réfléchissez à la façon dont les rentes peuvent compléter d'autres stratégies de placement. Renseignez-vous sur les différents types de rentes, les frais qui y sont associés et leur impact sur votre plan financier global.

Il peut également être utile de consulter un conseiller financier pour comprendre et choisir la rente la mieux adaptée à votre situation. Un conseiller peut vous donner un aperçu des avantages et des inconvénients de diverses rentes, vous aider à évaluer leur pertinence en fonction de vos objectifs financiers et s'assurer que vous êtes au courant de tous les coûts et implications associés.

En résumé, une mauvaise compréhension du rôle des rentes peut conduire à prendre de mauvaises décisions financières et à rater des occasions d'améliorer la sécurité de la retraite. En comprenant clairement les différents types de rentes, leurs avantages et leurs limites, vous pouvez faire des choix éclairés qui correspondent à vos objectifs financiers. Une bonne intégration des rentes dans votre stratégie de retraite peut vous assurer une stabilité de revenu précieuse et contribuer à une retraite sûre et épanouissante.

Ne pas s'adapter à la volatilité du marché

Ne pas tenir compte de la volatilité des marchés peut avoir des répercussions importantes sur votre épargne-retraite et votre stabilité financière. La volatilité des marchés fait référence aux fluctuations des prix des investissements dues à divers facteurs économiques, politiques et financiers. Bien que ces fluctuations fassent partie intégrante de l'investissement, ne pas les prévoir peut entraîner des pertes inattendues, des rendements réduits et un risque financier accru, en particulier à l'approche ou au début de la retraite.

L'un des principaux risques liés à l'absence d'ajustement en fonction de la volatilité des marchés est le risque de pertes importantes dans votre portefeuille de placements. Les retraités comptent souvent sur leurs comptes de placement pour générer des revenus et une croissance tout au long de leur retraite. Si votre portefeuille est fortement exposé à des actifs volatils sans diversification ni gestion des risques adéquates, les baisses des marchés peuvent entraîner des pertes importantes. Ces pertes peuvent diminuer votre épargne-retraite, réduisant ainsi votre capacité à maintenir le style de vie souhaité et nécessitant éventuellement des ajustements à vos dépenses ou à vos plans de retraite.

Une autre conséquence de la négligence de l'ajustement à la volatilité du marché est le risque accru de séquence de rendements. Le risque de séquence de rendements fait référence à l'impact des rendements négatifs du marché survenant au début de la retraite sur la longévité de votre portefeuille. Lorsque vous retirez des fonds d'un portefeuille de placements pendant un ralentissement du marché, cela peut accélérer l'épuisement de votre épargne. Si votre portefeuille subit des pertes importantes au début de la retraite, il peut avoir du mal à se rétablir, ce qui augmente le risque d'épuisement des fonds plus tard.

De plus, ne pas tenir compte de la volatilité des marchés peut conduire à de mauvaises décisions en période de turbulence. En période de baisse des marchés, il peut être tentant de réagir de manière émotionnelle et de prendre des décisions d'investissement hâtives, comme vendre des actifs à perte ou opter pour des placements moins risqués. De telles décisions peuvent entraîner des pertes et potentiellement faire rater les futures reprises des marchés. Pour s'adapter correctement à la volatilité des marchés, il faut maintenir une stratégie d'investissement disciplinée et éviter les réactions émotionnelles aux mouvements à court terme des marchés.

Pour gérer efficacement la volatilité des marchés, il est essentiel de mettre en œuvre une stratégie de placement diversifiée. La diversification consiste à répartir vos placements entre différentes classes d'actifs, secteurs et régions géographiques afin de réduire l'impact de la mauvaise performance d'un seul placement sur l'ensemble de votre portefeuille. En diversifiant, vous pouvez atténuer le risque associé aux fluctuations des marchés et améliorer la stabilité de vos rendements.

Une autre stratégie importante consiste à maintenir une répartition d'actifs appropriée en fonction de votre tolérance au risque, de vos objectifs de placement et de votre horizon de placement. À l'approche de la retraite, il est généralement conseillé de réduire l'exposition aux placements à risque élevé et d'augmenter les allocations à des actifs plus stables et générateurs de revenus, comme les obligations ou les équivalents de trésorerie. Cet ajustement peut contribuer à réduire l'impact de la volatilité des marchés sur votre portefeuille et à fournir des rendements plus prévisibles.

Il est également essentiel de réévaluer et de rééquilibrer régulièrement votre portefeuille de placements pour gérer la volatilité des marchés. Au fil du temps, les fluctuations des marchés peuvent entraîner un éloignement de la répartition de vos actifs par rapport à votre stratégie prévue. Le rééquilibrage consiste à ajuster votre portefeuille à sa répartition cible, en veillant à maintenir le niveau de risque et de rendement approprié. Ce processus permet de gérer la volatilité et de maintenir votre stratégie de placement en phase avec vos objectifs financiers.

De plus, une stratégie de retrait bien définie peut contribuer à atténuer les effets de la volatilité des marchés. L'établissement d'une approche systématique pour retirer des fonds de votre portefeuille, comme l'utilisation d'un taux de retrait durable, peut assurer la stabilité et réduire le risque d'épuisement de votre épargne en cas de baisse des marchés. Envisagez de travailler avec un conseiller financier pour élaborer une stratégie de retrait qui tienne compte de la volatilité des marchés et répond à vos besoins financiers à long terme.

En résumé, ne pas tenir compte de la volatilité des marchés peut entraîner des risques et des difficultés considérables en matière de planification de la retraite. En mettant en œuvre une stratégie de placement diversifiée, en maintenant une répartition d'actifs appropriée, en rééquilibrant régulièrement votre portefeuille et en établissant une stratégie de retrait judicieuse, vous pouvez mieux gérer l'impact des fluctuations des marchés et protéger votre épargne-retraite. Une gestion appropriée de la volatilité des marchés garantit que votre stratégie de placement reste alignée sur vos objectifs financiers et favorise une retraite sûre et stable.

Ne pas envisager de travail à temps partiel ou de sources de revenus alternatives

Ne pas envisager de travailler à temps partiel ou de trouver d'autres sources de revenus peut limiter votre flexibilité et votre sécurité financières à la retraite. Alors que les régimes de retraite traditionnels se concentrent souvent sur l'épargne et l'investissement, l'intégration de sources de revenus supplémentaires peut fournir une marge de manœuvre financière supplémentaire, améliorer votre niveau de vie et offrir une plus grande flexibilité pour faire face aux dépenses imprévues.

Travailler à temps partiel pendant la retraite peut être un moyen précieux de compléter vos revenus et de vous engager. De nombreux retraités estiment que continuer à travailler à temps partiel, même dans un rôle moins exigeant ou différent, peut apporter à la fois des avantages financiers et une satisfaction personnelle. Cela offre la possibilité de rester actif, social et engagé intellectuellement, ce qui peut être bénéfique pour le bien-être général. De plus, le travail à temps partiel peut faciliter la transition entre un emploi à temps plein et la retraite, vous permettant de conserver un sentiment d'objectif et de structure.

Les sources de revenus alternatives sont un autre élément important à prendre en compte. Il peut s'agir de revenus locatifs provenant de biens immobiliers, d'investissements dans des actions générant des dividendes ou de redevances sur la propriété intellectuelle, comme des livres ou des brevets. La diversification de vos sources de revenus peut contribuer à réduire votre dépendance à une source de revenus unique et à assurer la stabilité au cas où l'une d'entre elles deviendrait moins fiable. Par exemple, les revenus locatifs peuvent fournir un flux de trésorerie constant et leur valeur peut augmenter au fil du temps, tandis que les investissements dans des actions générant des dividendes offrent un revenu régulier ainsi qu'un potentiel d'appréciation du capital.

Ignorer la possibilité d'un travail à temps partiel ou d'autres sources de revenus peut entraîner une situation financière moins sûre, surtout si votre épargne-retraite principale n'est pas suffisante pour couvrir le style de vie souhaité. En envisageant des options de revenus supplémentaires, vous pouvez améliorer votre sécurité financière et réduire le risque d'épuiser votre épargne de votre vivant. Cela vous permet également de vous protéger contre les ralentissements économiques ou les dépenses imprévues, ce qui contribue à maintenir votre stabilité financière et votre tranquillité d'esprit.

L'évaluation des possibilités de travail à temps partiel ou de sources de revenus alternatives nécessite une planification minutieuse et une prise en compte de vos compétences, de vos intérêts et de votre disponibilité. Identifiez les domaines dans lesquels vous pouvez exploiter vos compétences existantes ou explorer de nouveaux intérêts susceptibles de générer des revenus. Par exemple, si vous avez une expertise dans un domaine particulier, vous pourriez envisager de devenir consultant ou travailleur indépendant. Si vous aimez les loisirs créatifs ou l'écriture, vous pourriez explorer des moyens de monétiser ces intérêts.

De plus, tenez compte de l'impact potentiel d'un travail à temps partiel ou d'un autre revenu sur vos projets de retraite et votre situation fiscale. Le travail à temps partiel peut avoir une incidence sur vos obligations fiscales et vos prestations de retraite. Il est donc important de comprendre ces implications et de planifier en conséquence. La consultation d'un conseiller financier peut vous aider à gérer ces considérations et à optimiser votre stratégie de revenu.

L'intégration d'un travail à temps partiel ou de sources de revenus alternatives dans votre planification de retraite peut vous apporter de nombreux avantages, notamment une plus grande flexibilité financière, une sécurité accrue et un épanouissement personnel. En explorant et en mettant en œuvre ces options, vous pouvez améliorer votre stabilité financière et profiter d'une retraite plus sûre et plus agréable.

Ne pas communiquer vos projets de retraite

Ne pas communiquer vos projets de retraite peut entraîner des malentendus, des attentes mal alignées et des complications inutiles pour vous-même et vos proches. Une communication efficace sur vos objectifs de retraite, votre stratégie financière et vos préférences est essentielle pour garantir que votre retraite se déroule le plus harmonieusement possible et que vos intentions soient clairement comprises par ceux qui peuvent être concernés par vos décisions.

L'un des principaux problèmes liés au fait de ne pas discuter de vos projets de retraite est le risque de conflit ou de confusion entre les membres de la famille. La retraite implique souvent des décisions qui ont des répercussions sur bien plus que vos finances personnelles, notamment sur des aspects tels que les conditions de vie, la planification successorale et les soins. Si ces plans ne sont pas communiqués, les membres de la famille peuvent se retrouver dans l'incertitude quant à leurs rôles, responsabilités ou attentes. Cela peut entraîner des désaccords, des malentendus et des relations tendues, en particulier si les décisions doivent être prises dans l'urgence ou dans des circonstances stressantes.

Une mauvaise communication peut également entraîner un risque de déséquilibre financier. Votre stratégie de retraite peut impliquer des arrangements financiers complexes, comme des placements, des retraits d'épargne ou des plans de répartition des actifs. Si votre conjoint ou les membres de votre famille ne sont pas informés de ces plans, ils risquent de ne pas comprendre ou de soutenir pleinement vos décisions financières. Ce manque de cohérence peut entraîner une mauvaise gestion financière, des occasions manquées ou des difficultés imprévues, comme la prise de décisions financières sans votre avis.

Une communication efficace sur les plans de retraite contribue également à coordonner les soins et l'accompagnement. À l'approche de la retraite, vous pourriez avoir besoin d'aide pour certaines tâches, vos soins de santé ou vos activités quotidiennes. Si vos plans et vos besoins ne sont pas clairement communiqués, il peut être difficile pour les membres de votre famille de fournir le niveau d'accompagnement approprié. Une communication claire garantit que toutes les personnes concernées sont conscientes de leurs responsabilités et peuvent prendre les dispositions nécessaires pour répondre efficacement à vos besoins.

De plus, discuter de vos projets de retraite avec les membres de votre famille et vos proches peut vous aider à gérer vos attentes et à les préparer à tout changement qui pourrait survenir. Par exemple, si vous envisagez de déménager, de réduire vos effectifs ou d'apporter des changements importants à votre mode de vie, le fait d'en informer votre famille à l'avance leur permet de s'adapter à ces changements et de vous offrir leur soutien. Cela leur donne également l'occasion de répondre à leurs préoccupations ou préférences éventuelles, ce qui permet une transition plus harmonieuse vers la retraite.

Pour éviter ces problèmes, faites un effort concerté pour communiquer vos projets de retraite de manière claire et ouverte. Commencez par avoir des discussions détaillées avec votre conjoint ou partenaire sur vos objectifs, votre stratégie financière et tout changement que vous prévoyez. Assurez-vous que vous êtes tous les deux sur la même longueur d'onde concernant votre vision de la retraite et votre gestion financière.

Pensez également à impliquer d'autres membres de la famille qui pourraient être touchés par vos décisions de retraite. Cela peut inclure des discussions sur la planification successorale, les dispositions relatives aux soins de santé ou les changements de situation de vie avec vos enfants ou d'autres membres de la famille. Leur fournir une compréhension claire de vos projets permet d'éviter les surprises et de mieux coordonner le soutien et les ressources.

De plus, il peut être utile de documenter vos projets de retraite et de les rendre accessibles à votre famille. Cela comprend la tenue de registres écrits des dispositions financières, des plans successoraux et de toute instruction spécifique que vous pourriez avoir. La mise en place de ces documents garantit que vos souhaits sont clairs et peuvent être facilement consultés en cas de besoin.

Il est également important de mettre à jour régulièrement vos communications au fur et à mesure que vos projets évoluent. Les circonstances de la vie et les objectifs de retraite peuvent changer, et tenir votre famille informée de ces changements contribue à maintenir l'alignement et la préparation. Des contrôles et des mises à jour réguliers garantissent que tout le monde reste informé et peut ajuster ses attentes ou ses plans en conséquence.

En résumé, ne pas communiquer vos plans de retraite peut entraîner des malentendus, des décalages et des complications pour vous et vos proches. En discutant ouvertement de vos objectifs, de votre stratégie financière et des changements prévus, vous pouvez éviter les conflits, assurer une meilleure coordination du soutien et créer une transition plus fluide vers la retraite. Une communication claire et continue est essentielle pour gérer les attentes et favoriser des relations positives tout au long de votre parcours de retraite.

Conclusion

La retraite est une étape importante qui représente à la fois une fin et un nouveau départ. C'est une période de transition qui nécessite une planification minutieuse et une réflexion approfondie pour garantir un avenir épanouissant et sûr. Les défis et les pièges abordés tout au long de ce livre soulignent l'importance d'une approche bien équilibrée et proactive de la planification de la retraite. Comprendre et corriger ces erreurs courantes peut faire une différence substantielle pour parvenir à une retraite confortable et agréable.

L'un des principaux points à retenir est la nécessité d'une planification globale et proactive. La planification de la retraite n'est pas une tâche ponctuelle, mais un processus continu qui implique de fixer des objectifs réalistes, d'évaluer régulièrement votre situation financière et d'ajuster vos stratégies en fonction des besoins. La procrastination peut compromettre même les plans les mieux élaborés, d'où l'importance de commencer tôt et de maintenir l'élan tout au long de votre carrière. En adoptant une approche proactive, vous pouvez éviter les pièges de la sous-estimation des dépenses, de la dépendance excessive à des facteurs incertains comme l'héritage et de l'oubli de la volatilité des marchés.

Un autre aspect crucial est la nécessité de diversifier et de gérer les risques. Si vous comptez trop sur une seule source de revenus, qu'il s'agisse de placements, de sécurité sociale ou d'héritage, vous risquez de vous retrouver vulnérable à l'instabilité financière. Diversifier votre portefeuille de placements et explorer plusieurs sources de revenus, comme un travail à temps partiel ou des placements alternatifs, peut vous permettre de faire face aux circonstances imprévues et d'améliorer votre sécurité financière. Il est également essentiel de vous adapter à la volatilité des marchés et de gérer vos placements de manière à équilibrer risque et rendement, en particulier à l'approche de la retraite.

Une communication efficace est un autre élément essentiel à la réussite de la planification de la retraite. Ne pas discuter de vos projets de retraite avec les membres de votre famille peut entraîner des malentendus et des conflits, notamment en ce qui concerne les décisions financières, les modalités de prise en charge et la planification successorale. En communiquant clairement vos intentions et en impliquant vos proches dans le processus de planification, vous pouvez vous assurer que tout le monde est sur la même longueur d'onde et que vos souhaits sont compris et respectés.

De plus, il est essentiel de comprendre le rôle des différents produits financiers, comme les rentes, et de les intégrer de manière appropriée à votre stratégie de retraite. Les rentes peuvent fournir un revenu stable, mais elles comportent leur lot de complexités et de coûts. Connaître leur place dans votre plan global et les alternatives disponibles peut vous aider à prendre des décisions plus éclairées et à éviter les pièges potentiels.

Les coûts des soins de santé et la longévité sont deux autres facteurs qui nécessitent une attention particulière. En vieillissant, les dépenses de santé peuvent devenir un fardeau important, et il est essentiel de planifier ces coûts, même en l'absence d'une assurance complète. De même, il est essentiel de tenir compte de la longévité et de s'assurer que votre épargne-retraite durera toute votre vie pour maintenir votre stabilité financière et votre qualité de vie.

En conclusion, pour éviter les erreurs courantes de planification de la retraite, il faut adopter une approche globale qui englobe une planification proactive, des placements diversifiés, une communication efficace et une réflexion approfondie sur les produits et les dépenses financières. En abordant ces aspects de manière réfléchie et en demandant conseil à un professionnel au besoin, vous pouvez créer une stratégie de retraite qui répond non seulement à vos besoins financiers, mais améliore également votre qualité de vie globale. La retraite devrait être l'occasion de profiter des fruits de votre travail, d'explorer de nouvelles opportunités et d'embrasser une phase de vie épanouissante et gratifiante. Grâce à une planification et une réflexion minutieuses, vous pouvez obtenir une retraite qui correspond à vos objectifs et à vos aspirations, vous procurant la tranquillité d'esprit et la liberté de profiter pleinement de ce nouveau chapitre.

www.ingramcontent.com/pod-product-compliance
Lightning Source LLC
Chambersburg PA
CBHW071058240526
45471CB00016B/2154